以林为生

中国乡村林业的现实与发展研究

顾燕峰 著

上海書店出版社
SHANGHAI BOOKSTORE PUBLISHING HOUSE

目　录

前　言

　　本书的写作源于国家林业和草原局的委托课题《乡村林业发展政策支持体系》。为此，笔者先后深入广西和云南集体林区进行深入的调研，广泛接触了当地官员、林业主管部门、村级干部、涉林企业、专业合作社、林农等与乡村林业有关的行为主体。这些调研使我意识到，在经济效益、生态效益和社会效益的张力下，林业对林区农民收入增收的贡献必定有赖于进一步的制度创新和政策供给。这是本书的基调。

　　森林是生态系统的重要组成部分，承载着涵养水源、保持水土、防止灾害、调节气候等功能。因此，林业与农业的重要区别在于，林业比农业具有更强的外部性，即森林具有公共品属性。这决定了必须在确保林业生态效益的前提下，实现林业对林区农民就业增收的价值。因此，如何实现林业对林区农民就业增收的价值在很大程度上取决于进一步的制度创新。

　　在研究过程中，笔者搜集了2001年至2018年全国1 061个县的农村居民可支配收入数据，考察了林区与粮区农民的收入差距及其变化趋势，发现两者的收入差距持续扩大，并且这个结果是极其稳健的，不随对林区和粮区的界定的变化而变化。这提醒笔者必须重视我国林业和农业政策供给的差异。因此读者将会看到，本书利用大量篇幅比较了我国农林政策的差异。

　　"乡村林业"的概念虽是个舶来品，但我国对乡村林业的实践古已有之。我国的集体林区与全国贫困县高度耦合。虽然这些贫困县已于2020年全部顺利脱贫，但是这些地区经济落后、农民收入低是不争的事实。国际上对乡村林业的实践喜忧参半，但国际学术界普遍认为乡村林业是解决林区农民生计的有效手段之一。因此，如何借鉴国际社会在乡村林业实践的经验，实现林区农民就业增收，是极为值得研究的问题。笔者认为乡村林业的核心特征在于对林农赋权，使林农成为林业的参与主体和受益主体；生产的组织化；有别于传统林业的目标导向及其多样化的实现手段。尽管"乡村林业"这个词从未出现在政策和法律文本中，不过我国林业改革趋势与乡村林业特征高度吻合。例如，2008年以来我国实行集体林权制度改革，通过分山到户，确定林农对于林地的使用权、经营权和林木的所有权。2019年新修订的《森林法》从法律的角度确认了林地所有权、林地承包权和林地经营权的"三权分置"格局。这本质上是对林农赋权的改革。但如何通过进一步改革使林农成为林业的参与主体和受益主体应是林业改革的重要方向。因此，虽然在许多地方并未言明，但是乡村林业的核心特征始终贯穿于本书的各个章节。

下面简要介绍本书各章内容。第一章回顾了乡村林业概念的国际背景和起源，并回顾了我国乡村林业发展历程及其政策特征。第二章提出了从城乡比较、林区与粮区比较的视角指出增加林区农民收入是乡村林业最现实的议题。第三章从林区与粮区的产业投入比较、林业和农业产业政策比较、林业生态建设要求和林业经济基础及林业特征四个方面分析了影响林区农民收入的主要因素。第四章从林业政策目标导向、赋权、乡村林业组织化和林业经济价值实现手段多样化四个方面分析了我国乡村林业亟待解决的问题。第五章介绍了我国各地对乡村林业发展的实践探索及其评析。第六章介绍了日本的山村振兴与林业发展，特别强调了日本完备的法律保障体系对林业的发展和山区振兴的意义。第七章从完善对山区林区扶持的法律体系建设、健全集体林地"三权分置"运行机制、完善集体林权流转制度、加大对林业产业化的政策供给、探索生态公益林促进林农就业增收的实现机制、进一步完善财政、金融等产业扶持政策、完善乡村林业发展支撑体系的外部保障系统六个方面探讨了我国乡村林业目标的实现路径。

笔者尤为强调的是，本书是基于笔者实地调研的基础上完成的，因此书中各章节的分析并未追求面面俱到，而是期望体现实地调查的结果。因此，囿于调查区域，本书的结论可能未必适用全国其他区域。即便如此，笔者还是相信本书所提及的观点仍具有一定的普遍性。

笔者首先要感谢复旦大学贺东航教授。本书的写作得到了贺东航教授的鼎力相助。从课题伊始，贺东航教授就为这项研究提供了许多材料，分享了他的许多观点，并为笔者的实地调研提供了许多帮助。其次，笔者特别感谢国家林业和草原局改革发展司黄东处长。在项目研究过程中，我们就本书涉及的许多问题进行了充分的交流，甚至连笔者都难以完全分清本书的许多观点最初缘于谁。再次，笔者还要感谢北京林业大学温亚利教授、国家林业和草原局谢晨高级工程师、北京师范大学张琦教授、中国社会科学院王晓毅教授、中国人民大学柯水发教授、厦门大学朱东亮教授在结项答辩环节就本书前身《乡村林业发展政策支持体系研究报告》提出的建议和意见。这使得笔者有机会在本书成书的过程中有机会吸收各位专家的建议和意见。最后，笔者还要感谢编辑俞诗逸、张冉在本书出版环节给予的帮助，以及上海南复数据科技有限公司为本研究提供的支持。

在此，笔者必须另起一个段落，特别感谢我的太太郑冰岛女士。虽然过去几年，我们共同的研究与本书无关，但她却为笔者完成本书默默地给予了许多帮助。

顾燕峰

于复旦大学光华楼

以林为生：中国乡村林业的现实与发展研究

导　论

一

2021 年 4 月 7 日，中央电视台《焦点访谈》栏目以《整治毁林种茶，守住绿水青山》为题，报道了位于被称为"中国普洱茶第一县"的云南省西双版纳勐海县的布朗山乡，随着普洱茶价格逐渐升高，不断有茶农在集体林地内毁林种茶的现象。为彻底遏制破坏生态的行为，守护蓝天净土碧水青山，当地政府开展持续打击整治和植被恢复专项行动。无独有偶，2019 年 11 月 27 日中央电视台《经济半小时》栏目也曾以《普洱茶受追捧，毁林种茶现象愈演愈烈》为题报道了西双版纳勐腊县易武乡茶农在集体林地和国有林森林保护区内毁林种茶现象。毁林不一定是仅仅为了种茶。2018 年 8 月 20 日中国新闻网还报道过勐腊县勐腊镇 11 名村民为谋取经济利益砍伐 120 亩原始森林种植橡胶树，被森林公安抓获的事件。

云南省西双版纳地区毁林种茶和橡胶树不是孤立的事件。中国裁判文书网（https://wenshu.court.gov.cn/）显示，2014—2020 年间，涉及"滥伐林木罪"刑事案件审判数量居高不下（见表 1）。除了 2020 年外，与"滥伐林木罪"有关的判决书基本维持在 6 000—6 650 件之间。[1] 从案件的地

---

[1] 2020 年的涉及"滥伐林木罪"的判决书为 4 381 份，比 2019 年少了 2 200 多份。这可能由两个因素导致的。一是 2020 年的判决书未能及时公布。2021 年 5 月 10 日查询显示 2020 年共有与"滥伐林木罪"有关的判决书 4 381 件，比 4 月 8 日查询结果增加了 26 件；二是新冠肺炎疫情一方面导致经济活动的减少，降低了滥伐林木事件发生的概率，另一方面导致相关案件的侦破和审判程序的推迟和延后，从而降低了 2020 年的判决书数量。

区分布看，南方集体林区是这类案件的多发地区。例如 2005—2020 年间广西、云南和贵州与"滥伐林木罪"相关的判决书分别有 8 872、3 840 和 3 516 件案件，而东北集体林区相应的案件较少，黑龙江、吉林和辽宁分别仅有 717、1 066 和 1 531 件（见表 2）。

表 1　2005—2021 年"滥伐林木罪"刑事案件一审判决书年份分布

年　份	案件数量	年　份	案件数量
2005	1	2013	1 216
2006	1	2014	6 183
2007	8	2015	6 508
2008	11	2016	5 988
2009	2	2017	6 287
2010	15	2018	6 650
2011	83	2019	6 641
2012	315	2020	4 381

注：数据来源：中国裁判文书网 https://wenshu.court.gov.cn/。查询日期：2021 年 5 月 10 日。查询条件：判决结果：滥伐林木罪；案件类型：刑事案件；审判程序：刑事一审；文书类型：判决书。

表 2　2005—2020 年"滥伐林木罪"刑事案件一审判决书地区分布[1]

地　区	数　量	地　区	数　量
广　西	8 872	内蒙古	780
河　南	4 485	黑龙江	717
云　南	3 840	重　庆	711

---

[1] 含新疆生产建设兵团数据。

以林为生：中国乡村林业的现实与发展研究

地　区	数　量	地　区	数　量
贵　州	3 516	浙　江	687
湖　北	2 263	陕　西	637
安　徽	2 140	海　南	618
广　东	2 005	江　苏	441
湖　南	1 940	甘　肃	205
福　建	1 787	山　西	199
江　西	1 729	天　津	139
四　川	1 645	北　京	100
辽　宁	1 531	新　疆	89
河　北	1 066	宁　夏	81
吉　林	1 066	青　海	11
山　东	955		

注：数据来源：中国裁判文书网 https://wenshu.court.gov.cn/。查询日期：2021 年 5 月 10 日。查询条件：判决结果：滥伐林木罪；案件类型：刑事案件；审判程序：刑事一审；文书类型：判决书。

显然，经济动机驱使林农冒着违法犯罪的风险，不断毁林种茶、砍伐橡胶树等。这些事件凸显了当前乡村林业中生态效益与经济效益之间的矛盾，体现了乡村林业发展过程中"生态美"和"百姓富"还未能实现有机统一。一方面，广大林农或者希望通过利用林地（包括商品林和公益林）种植回报率较高的经济作物，或者通过采伐林木，增加收入，改善生活；但另一方面，肆意采伐森林无疑将破坏森林涵养水源、保持水土、防止灾害、调节气候等功能，破坏森林对生态系统的调节作用，从而导致生态灾难。然而，更具讽刺意义的是，正是因为良好的生态环境，造就了优质的普洱茶价格上涨，才使云南西双版纳勐海县布朗山乡和勐腊易武乡的茶农有毁林种茶的动机。正如新闻里所说的，"茶树并不能独立存在，山水林田湖草是个生命共同体，茶树也是其中的一个部分，有好山好水才种得出好茶。""良好的生态环境提升了茶叶的附加值。一旦树死了、林毁了，短期看茶树的产量得到了提升，茶农获得了利益，但从长远看，生态环境遭到破坏必然导致茶叶的品质下降，最终损害的是茶农们的切身利益。"

在一些案件中地方政府的行为逻辑也值得细品。我们不妨从两个角度体会地方政府对乡村林业的态度。首先是"当地政府主管部门对于毁林现象睁一只眼闭一只眼的态度"。例如在西双版纳勐腊县易武乡，为何作为当地林业（生态保护区）的主管部门对发生在自己辖区内的毁林行为置若罔闻？新闻被央视报道后，当地政府采取了大规模的整治行动，其行为目的为何？一般而言，层级越高的政府机构可以超然于农民的人际关系，因而可以专注于更理性的目标，但基层政府始终需要在高层政府的施政目标（例如要实现森林的生态效益）与农民的个体目标（例如要增加收入）的张力之间寻找合适的位置。与农民及其他乡村林业行动主体间紧密的联系，使得基层政府难以完全以超然的态度对待农民的行动逻辑，因而我们不难理解为何会以"睁一只眼闭一只眼的态度"来应对农民毁林种茶这样的违法行为。这事实上体现了乡村林业各个实践主体行为目标的多重性。这提醒我们在发展乡村林业的过程中，要仔细考察乡村林业中各行为主体的行动目标。

其次是对毁林行为的地方司法实践。虽然《中华人民共和国刑法》第三百四十五条滥伐林木罪的量刑有明确的规定，[1]但从地方司法实践上看，地方司法机关和其他机构对毁林行为在抓与放之间摇摆不定。正如新闻中西双版纳森林公安人员所述，"没有判过一个实刑，一年抓了几百人，都是天天抓，天天放……法院整个西双版纳州没有判过实刑，五百亩都是判缓刑，起不到打击的效果（违法）成本太低，所以控制不住毁林。"显然，地方政府有打击毁林行为的动机，但也不愿实施严厉的打击行为，这反映了基层政府对乡村林业的经济效益和生态效益之间的矛盾态度。

二

我国林区覆盖约 2 亿农民，其中绝大部分处于山区。全国 60% 的贫困人口、11 个集中连片特困地区、592 个国家重点扶持贫困县中的 496 个县，都集中分布在山区，而这些县有 85% 的储备土地适合林业开发。因此，林业不仅对于促进这些地区的农民就业增收，而且对于缩小农村居民收入区域不平衡都极具意义。

但当前林业未能实现林区农民就业增收的价值。这表现在，首先林业占农业和国民经济中的比重很低。2019 年农林牧渔业国内生产总值占 GDP 的比重仅 7.74%。而且林业占农林牧渔业比重也一直非常低。虽然按当年

---

[1] 《刑法》第三百四十五条规定盗伐森林或者其他林木，数量较大的，处三年以下有期徒刑、拘役或者管制，并处或者单处罚金；数量巨大的，处三年以上七年以下有期徒刑，并处罚金；数量特别巨大的，处七年以上有期徒刑，并处罚金。违反森林法的规定，滥伐森林或者其他林木，数量较大的，处三年以下有期徒刑、拘役或者管制，并处或者单处罚金；数量巨大的，处三年以上七年以下有期徒刑，并处罚金。非法收购、运输明知是盗伐、滥伐的林木，情节严重的，处三年以下有期徒刑、拘役或者管制，并处或者单处罚金；情节特别严重的，处三年以上七年以下有期徒刑，并处罚金。盗伐、滥伐国家级自然保护区内的森林或者其他林木的，从重处罚。

价格计算，林业产值占农林牧渔业的产值的比重从 2000 年的 3.61% 上升到 2019 年的 4.66%，但从绝对量来说，林业第一产业的产值依然很低，截至 2019 年林业产值仅为 5 775.7 亿元，仍是农林牧渔四个行业中产值最低的。其次，自 2008 年全面实施集体林权制度改革以来经历了一轮高速增长期后，林业增速已经明显回落。集体林权制度改革初期，改革红利释放迅速吸引大量资本投资林业，极大地促进了林业产业增长。按现行价格计算，2011 年林业总产值增速达到了惊人的 34.32%，但此后迅速回落，到 2018 年已回落到 7.02%。如果说林业总产值的增速是回落到与 GDP 增速相匹配的水平的话，与农民收入联系更密切的林业第一产业，其增速从 2011 年的 24.29% 回落到 2018 年的 5.21%，这意味林业第一产业的增速已经落后于当年全国 GDP 增长率（6.6%）。[1]

林业产业增速的回落可以从林业投资中窥见端倪。全国林业投资中社会资金从 2010 年的 718 亿迅速增长至 2014 年的 2 538 亿元后开始出现增长乏力的现象，至 2018 年则微降至 2 385 亿元（见图 1）。许多地区的林农对于投资林业的热情锐减。国家资金对林业的投入持续增长，从 2010 年的约 945 亿增长至 2018 年的 2 432 亿元，9 年间国家资金对林业的投资额增长了约 160%，但这并没能促进林业产业的持续高速增长。正如我们将在第四章所讨论的那样，这和国家对林业的投资结构有着密切的联系。以 2018 年为例，国家资金林业投资额中，中央财政的 83.4% 和地方财政的 55.3% 的资金用于生态建设与保护，分别仅有 2.2% 和 9.6% 的资金用于产业发展。因此，当社会资金对林业投入增速放缓后，林业产业增速亦明

---

[1] 但林业第一产业国内生产总值的增长率（5.21%）仍高于当年全国第一产业国内生产总值的增长率（3.5%）。

以林为生：中国乡村林业的现实与发展研究

显下滑。在这样的背景下，林业如何实现农民就业增收的价值是个亟待解决的问题。

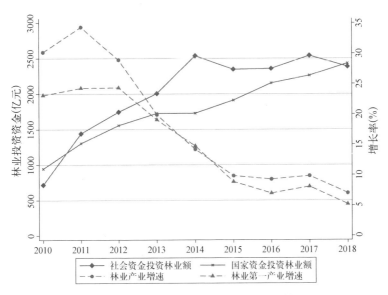

图 1　2010—2018 年林业投资和林业产业增长

数据来源：历年《国家林业和草原统计年鉴》。

森林具有涵养水源、保持水土、防止灾害、调节气候等功能，对生态系统的调节具有重要作用。因此，森林不仅被视为个人财富，也被视为重要的公共品。新中国成立以来，我国的林业政策经历了从注重经济效益向注重生态效益并最终向经济效益、社会效益和生态效益并重的转变。当前，树立和践行"绿水青山就是金山银山"的理念，实现生态美和百姓富的有机统一是乡村林业发展的要求。因此，在考察乡村林业发展的过程中，探讨如何在确保森林的生态效益的条件下，实现农民就业增收，这是本书的基本出发点。

三

纵观世界林业发展趋势，发展乡村林业被视为应对森林退化、水土流失等生态问题和保障农民基本生活，实现农民就业增收的重要途径之一。乡村林业作为林业发展的模式之一，从 20 世纪 60 年代由印度学者 J.韦斯特比（J.C. Westoby）提出，并得到国际学术界和各国政府的重视。1978年第八届世界林业大会后，乡村林业被国际社会普遍接受，许多国家开始推广乡村林业。因此，发展乡村林业可以作为我国实现林业的经济效益、社会效益和生态效益的重要途径，是实现生态美和百姓富有机统一的重要选项。因此，本书的第一章首先将介绍乡村林业的概念及其发展历程，并在各国乡村林业实践的基础上归纳乡村林业的核心要素；并讨论社会林业、社区林业和乡村林业概念的区别与联系。虽然政策制定者在应对森林退化和贫困问题时，总是将乡村林业视为优先选项，但乡村林业项目的结果喜忧参半。因此，第一章还将基于国际经验介绍乡村林业成功要素。最后，从梳理林业政策入手，介绍了我国乡村林业发展的历程及其政策特征。

林区农民收入是本书的重要关切。第二章将从城乡和区域居民收入差距和农民收入结构的角度，说明发展乡村林业，促进林区农民收入增长是急迫的现实问题。在城乡居民收入绝对差距不断扩大的背景下，经营性收入占农民人均可支配收入的比重在持续下降，截至 2019 年，经营性收入占农民人均可支配收入的比重仅为 23.3%，这意味着农业生产已不再是农民收入的主要来源，但对于林区山区这些发展水平比较低的地区，农业依旧是农民收入的主要来源。本章还利用农村居民收入分组数据分析表明，农村内部收入差距正在持续扩大，已经成为居民收入不平衡的重要来源之一。同时，虽然 2010 年以来农村居民可支配收入的增长高于城市居民，但农村居民收入增长速度逐步放缓。林区农民收入问题较其他地区更为严峻，这表现在两个方面，首先是来自林业的收入偏低。2020 年，农民人均可支配收入中来自林业的收入不到 200 元。显然，林业对于农民增收的潜力还有待发掘。其次，林区农民的人均可支配收入低于粮区农民，并且收入差距正在持续扩大。

第三章将从农林比较的角度，探讨影响林区农民收入的主要因素。第三章的分析表明，农林政策导向的差异是导致农区和粮区农民收入差距扩大的重要因素。农业政策的经济效益导向与林业政策的生态效益导向造成了国家和社会资金对农业的投入远高于林业，且国家资金对林业的投入主要用于生态建设与保护，而非用于林业产业发展。以耕地为载体的惠农强农富农政策难以传导到林区，因此无法促进林业的发展和增加林区农民收入。反过来，生态建设的要求却压缩了林区农民就业增收的空间，从而抑制了林区农民收入的增长。最后，林区经济基础薄弱，林区与集中连片贫困区高度耦合；林业投资周期长，受益不确定性强，林产品价格低、林地碎片化、林地的保障功能和林业兼业化、融资难融资贵等林业特质进一步导致林农收入增长缓慢。

在第三章的基础上，第四章从乡村林业的核心特征出发，进一步指出了当前我国乡村林业发展亟待解决的问题。首先要明确乡村林业政策目标导向。乡村林业实践主体的多样化，决定了政策必须考虑如何平衡乡村林业发展过程中各层级的相关主体各自的目标。例如应当考虑云南西双版纳勐腊县易武乡农民、地方政府和中央政府之间的目标差异及其行为逻辑之间的联系。又如，要明确乡村林业的主体目标是要实现现代林业发展，还是要保障农民就业维护社会稳定。这其实是赋权。赋权问题需要解决乡村林业的参与主体和受益主体问题以及产权问题。在实践中，农民的乡村林业参与主体地位应体现在农民对乡村林业的劳动、资本的投入和参与乡村林业的意愿，也体现在农民参与乡村林业的过程中有主动、自主、自决的能力，还应当体现在对林业政策的参与性中。随着农村土地"三权分置"的确立，集体林权的产权问题在法律上已经得到解决，但集体林权制度改革的遗留问题仍然困扰着集体林权的流转。再次是乡村林业的组织化。可以从两个角度来理解我国乡村林业的组织化。其一是通过乡村治理和乡村林业服务的组织化，特别要发挥村党组织和村民委员会等乡村基层组织和乡镇林业工作站对乡村林业发展的作用。其二是通过培育新型林业经营主体，实现生产过程的组织化，使单个农户摆脱资金、技术、市场等劣势，最终实现乡村林业的发展。最后要实现林业经济实现手段多样化，即讨论生态公益林和商品林的经济价值实现机制中当前亟待解决的问题。

第五章介绍了我国部分乡村林业的实践。福建省重点生态区位商品林赎买制度将重点生态区位内商品林通过赎买、置换等方式逐步调整为生态公益林，将重点生态区位外现有零星分散的生态公益林调为商品林，从而优化生态公益林布局，有利于发挥森林的生态效益，也有利于破解重点生态区位商品林采伐利用与生态保护的矛盾，维护林农合法权益。福建省南平市"森林生态银行"鼓励林农在平等自愿和不改变林地所有权的前提下，将碎片化的森林资源经营权和使用权集中流转至"森林生态银行"，由后者通过科学抚育、集约经营、发展林下经济等措施，实施集中储备和规模整治，转换成权属清晰、集中连片的优质"资产包"，开展规模化、专业化和产业化开发运营，实现生态资本增值收益。福建省林权收储担保是由市、县（区）成立林权收储机构，对林农林权抵押贷款进行担保，并对出险的抵押林权进行收储，有效化解金融风险。而江西省林权流转奖补政策是由省级财政预算安排资金对通过林权流转管理服务体系在公开市场上流转林地组建的林业合作社、家庭林场（专业大户）等林地适度规模经营主体的林地流转行为实施的奖补。重庆森林覆盖率指标交易是为筑牢长江上游重要生态屏障，重庆市提出到 2022 年全市森林覆盖率将从目前的48.3% 提升到 55% 左右，在 2030 年前力争达到 60% 左右。重庆市将森林覆盖率作为约束性指标，对每个区县进行统一考核，对完成森林覆盖率目标有困难的地区，允许其购买森林面积指标，用于本地区森林覆盖率目标值的计算，探索建立了基于森林覆盖率指标交易的生态产品价值实现机制，形成区域间生态保护与经济社会发展的良性循环。生态护林员岗位是国家林业局、财政部和国务院扶贫办，以具有一定劳动能力，但又无业可扶、无力脱贫的贫困人口为对象，在中西部 21 个省（区、市）的建档立卡贫困人口中，选聘年龄在 18—60 岁之间，身体健康，能胜任野外巡护工作，责任心强的生态护林员，对森林资源进行管护，其本质上是国家购买生态服务模式，但带有明显的扶贫色彩。浙江"一亩山万元钱"林业科技富民模式通过强化技术成果集成创新与示范推广，加快转变农民增收方式，促进农民收入持续普遍较快增长，充分发挥林业在农民增收致富中的积极作用。

我国乡村林业将在乡村振兴战略框架下发展。为了更好地吸收国际经验，第六章选择与中国当前形势具有可比性的日本作为个案，剖析日本乡村林业发展的经验。日本从 20 世纪 50 年代开始经历了高速的工业化和城市化，并伴随着农村、农业人口快速向城市、非农产业转移，致使城乡居民收入差距逐步扩大，乡村生态环境日趋恶化。在此背景下日本开始了乡村振兴运动。山村振兴是乡村振兴运动的一部分。日本的乡村林业在山村振兴的框架下建立了自身的体系特色，并且获得了发展。本章将重点讨论日本乡村林业体系特色，及山村振兴下的乡村林业措施。

第七章讨论了我国乡村林业的目标及其实现路径。特别是在前期调研和文献研究的基础上，本章重点将讨论乡村林业目标的实现路径。具体地，本章将从完善对山区林区扶持的法律体系建设、确认集体林地"三权分置"运行机制，完善集体林权流转制度、加大对林业产业化的政策供给、探索生态公益林促进林农就业增收的实现机制、进一步完善财政金融等产业扶持政策、完善乡村林业发展支撑体系的外部保障系统 6 个方面论述笔者的主张。不过，需要指出的是，本章对实现路径的论述不求全面，而是基于笔者对乡村林业的理论认知和对西南地区乡村林业的实地调研过程中发现的当前乡村林业亟待解决的问题之回应。

第一章 舶来概念：乡村林业及其发展历程

乡村林业实践古已有之，但乡村林业作为学术概念和政策概念发端于20世纪60年代的印度，最终被世界各国承认。目前，乡村林业被普遍视为解决世界各国林业实践中保护生态环境与增加农民收入之间矛盾的有效手段。本章主要讨论三个方面的内容。首先，将介绍乡村林业兴起的背景及其概念，并总结其核心特征；其次，从各国的实践结果看，乡村林业并非是解决保护生态环境与增加农民收入之间矛盾的灵丹妙药。乡村林业的成功取决于许多重要的因素，因此本章还将总结乡村林业成功的基本要素；最后，简单介绍我国乡村林业的发展历程。

第一节 乡村林业的概念及其由来

一、乡村林业背景、概念

社区林业（community forestry）的兴起，部分原因是发展中国家的工业发展模式未能解决社会经济发展问题，部分原因是为了应对越来越多的森林砍伐和退化（Gilmour and Fisher，1991）。20世纪60年代印度长期过度利用森林资源优先发展重工业，导致森林退化、薪材严重短缺和水土流失等生态问题。为了解决这些问题，印度林学家韦斯特比于1968年在印度召开的第九届英联邦林业大会上首次提出社会林业（social forestry）的概念。70年代印度60%的农民和40%的城市居民靠伐木获取薪材；饲养牛羊占全世界的 15%，这些牛羊大多以树叶作为饲料，因此 20 世纪 70 年代印度林地退化日益严重。而国际油价上涨，印度政府希望大力发展薪炭林来弥补油价带来的冲击。因此，1973 年印度政府正式开始实施社会林业计划，鼓励民众通过造林满足自身薪材和其他林产品需求，以减轻用材林负担，缓解环境恶化的压力。[1] 此后，社会林业被越来越多的发展中国家所采用。1978 年第八届世界林业大会，以"森林为人民"为主题，重点强调了森林对发展中国家人民的重要性，特别是对大量农村贫困人口的重要性，使社会林业的概念普遍为国际社会所接受。然而，社会林业一直没有特别明确的定义。[2] 随着各国社会林业实践的深入，许多国家开始以社区为基础从事林业实践，并加以适当的调整以适用当地的社会、政治、历史和文化环境。社区林业的概念正是这一过程中逐步萌发，并于 1985 年在第九届林业大会上被学者提到理论高度。

随着社区林业活动的广泛推广和深入，社区林业概念也不断演化。各国的社会经济情况千差万别，因而对社区林业的概念和内涵的理解各有差异，难有定论。自 1978 年世界林业大会最早定义以来，大量学者都尝试界定社区林业的概念。[3] 例如，吉尔摩和费舍尔（Gilmour and Fisher,

---

[1] 1976 年印度国家农业委员会（the National Commission on Agriculture）将社会林业的目标设定为（a）用薪柴代替牛粪；（b）供应小木材；（c）供应饲料；（d）保护农田免受风和土壤侵蚀；和（e）创建娱乐设施。（Pant, 1979）社会林业主要由农场林业（farm forestry）、农村林业（rural forestry）和城市林业（urban forestry）组成。从这一点上而言，社会林业有别于乡村林业。

[2] 事实上，许多学者都尝试对社会林业进行定义。于海燕（2007）编著的《世界社会林业发展概论》中罗列了多达 10 种国际学者对社会林业的定义。

[3] 例如 Shepherd 1985, Gilmour and Fisher 1991, Duinker, Matakala et al. 1994, Hobley 1996, Shackleton, Campbell et al. 2002, Glasmeier and Farrigan 2005, Thompson, Elmendorf et al. 2005, Wily 2005, Pagdee, Kim et al. 2006, Poffenberger 2006。

1991）将社区林业定义为"由农村人民控制和管理森林资源，他们通常出于家庭目的使用森林资源，并将其作为农业系统的一个组成部分"。莫沃（Movuh, 2012）则将其定义为"直接使当地森林用户参与共同决策和林业活动实施的林业"。麦克德莫特和施雷肯贝塔（McDermott and Schreckenberg, 2009）阐述了社区林业是当地人民行使权力，影响有关森林管理的决策，包括产品获取和处置规则。这一定义将社区林业定义为从国家到地方社区的"权力转移"，并提出了权力分享的问题，以实现其目标（Maryudi, Devkota et al. 2012）。联合国粮农组织最初采用"社区林业（community-based forestry）"一词作为"任何密切涉及当地人民参与林业活动的情况"的总称；此后进一步将社区林业定义为包括"旨在加强当地人民在管理森林资源方面的作用的倡议、科学、政策、机构和进程"。它包括正式的习俗和土著倡议以及政府主导的倡议。它涉及社会、经济和保护方面的一系列活动，包括分散和下放的森林管理、小农户林业计划、社区—公司伙伴关系、小型森林企业和具有文化重要性的圣地的土著管理（Sikor 2013; Gilmour 2016）。

虽然对社区林业概念定义争议颇多，但社区林业核心问题始终被大多数学者所认可。

1. 赋权。社会林业起源的部分原因是工业发展模式未能解决社会经济发展问题。战后许多发展中国家纷纷走上了自上而下的工业化发展模式。为了解决工业化过程中的资金和资源不足，一些国家开始了对林地的国有化。例如，尼泊尔 1957 年通过了《森林国有化法》，是该国森林国有化（Gilmour and Fisher, 1991）。然而，森林国有化的后果是，国家无法对森林实现有效的管理和管控，一方面使得森林退化，另一方面农民无法通过林地获得收入。因此，实施社区林业的首要任务是赋予农民通过林地获得收益的权益。根据 1993 年《森林法》，尼泊尔政府仍然拥有国有林地，但将林地的永久使用权分配给社区。根据社区林业计划，大约 30% 的国有森林移交给森林用户团体进行管理和利用（Koirala 等，2008）。而在印度实施社会林业初期，允许农民在国有林地上植树，以获取薪材。产权对森林地区的社会经济发展和可持续的土地管理至关重要。世界上许多国家都实施保障森林所有权、收益权和土地产权的措施（Miller 等，2021）。社区林业的核心特征之一是国家赋予农民通过林地、林木获得收益的权利。也有学者从更宽泛的意义上来理解赋权，认为社区林业的赋权可以从两个方面来理解：第一，它涉及个人或群体行使权力、做出决定和掌握自己生活的能力。第二方面涉及国家和非国家的体制结构，它们对人民反应更迅速，更负责任，从而使机构能发挥作用（Moeliono, Moira, et al, 2017）。

2. 组织化。社区林业通过赋予农民林地和林木的收益权，并不意味着林业的个体化和原子化。相反，社区林业通过不断的组织化过程，实现其目标。例如，1973 年印度推行"社会林业计划"，政府在村民或社区所有的土地上造林，然后交由村民或社区管理，政府控制着林业生产投入、技术及所有林业生产活动。这导致村民缺乏动力，因而很少或根本不参与森林经营活动，而社区村民委员会无力管理森林，因而难以取得良好的效果。因此，印度逐步向社区林业政策过渡，推行联合森林管理制度，其特征是，通过政府林业部门与当地村社签订协议，让当地村民参与国有林的经营管理活动，并分享森林收益。这项政策推动了林业组织化。从政府层面到村级层面都组织起社会林业的实施机构，并建立了与社会林业相关的非政府组织。尼泊尔确定将适合发展社区林业的森林交社区经营后，通过建立森林使用者小组（CFUG）将分散的村民组织起来，并由森林使用者小组确定森林管理模式，准备和批准森林实施方案。在尼泊尔，按照历史上形成利用林地的现实、离住地比较近的原则，向地区林务官申请组建森林使用者小组，地区林务官再派林业技术人员实地察看村民需要林产品和林地数量、哪些村民使用这块林地、有无争议等的前提下，决定是否划归和划多大面积的林地交森林使用小组使用。森林使用者小组需向地区林务官提交森林使用者小组的名称、管理目的等基本情况的材料，并必须提交与林业技术人员一起研究形成的对林地进行使用的森林经营方案。森林经营方案在符合政府关于林业方面的总体要求的基础上，包括森林边界、林种、林龄等基本信息、森林分布图、林班信息、森林经营目标、森林保护方式、森林经营活动计划、非木质林产品采集规定、经营收入分配条款、森林经营保护条款、奖惩条例和措施等。上述材料报经地区林务官同意后，所申请的林地便可归森林使用者小组使用。森林使用者小组在经营方案的总体要求下，主要靠自己制定的"乡规民约"来管理和使用林地。通常情况下，一年之内划定几个区域，规定一定的时间开放，供森林使用者小组成员使用，以取得薪材、饲料。若小组成员需在丧葬、婚嫁、建房等时用材，必须向小组申请，经集体讨论，在征得85%的成员同意后，才能在指定的区域进行采伐（刘俊昌，2011）。森林使用者小组可以独立地使用林地，所在地的政府部门和行政机构不能对森林使用者小组的活动进行干预。政府或村如果需要使用林产品，必须征得森林使用者小组的同意。此外，还成立社区森林使用者联盟。作为森林使用者小组的一个代表机构，社区森林使用者联盟是一个独立、非营利、会员制的组织，将森林使用者小组组织起来，以支持社区森林用户的权利，为森林使用者争取利益。日本的社区林业主要通过森林生产组实施。森林生产组本质上是森林所有者的合作组织，占有日本林地面积的46%。在利比里亚，2006年的新《森林法》和《社区权利法》允许基层社区拥有森林，并通过社区林业发展委员会参与森林管理。

3. 参与主体和受益主体。如前所述，国家通过将林地国有化，以支撑其工业化的发展道路。因此，传统林业主要是以国家为参与主体和受益主体。[1]社区林业通过赋权和组织化过程，使农民获得了从事林业活动的动机和能力，并能从林业活动中获得收益。社区林业的核心理念在于在农民与森林之间相互依赖、密切协调的认知基础上，社区农民积极参与林业活动，外部参与具有支持性质而不是管理性质（Arnold, 1992; Stevens, 1997），基本前提是人们在影响社区森林的决策中扮演有意义的角色，可以改善社会经济福祉和生态可持续性（Shrestha, 2005）。一般来说，社区林业强调公民的民主和参与性决策过程。因此，社区林业的参与主体和受益主体都是农民。

4. 目标导向。传统林业或者以国家目标为导向，注重林业为国家战略服务，或者以个体为导向，注重农民个体的经济利益。社区林业则具有多目标导向。社区林业的兴起，主要是为解决农民收入和基本生活保障问题，和遏制森林退化及环境恶化问题。因此，社区林业的经济目标是解决农民收入问题，社会目标是解决生态环境问题。随着社区林业的发展，其多元化目标越发明显。布洛克（Bullock, 2012）认为，社区林业至少有三个目标：（1）加强当地对影响森林的决策的控制，这些决策被社区认为出

---

[1] 这不意味着农民不参与林业活动，而是指林业活动服务于国家战略，因此农民并非林业活动的决策者和最终受益人。

以林为生：中国乡村林业的现实与发展研究

于经济, 社会和生态原因具有独特的地方意义 (Belsky 2008; Bullock 等人, 2009)。(2) 通过以森林为基础的经济发展增强当地的经济稳定性 (McCullough, 1995; Gunter 和 Jodway, 1999)。(3) 通过改进管理工作和对生态敏感的林业做法来加强可持续森林管理。这些做法尊重多种木材和非木材价值 (例如木材、水、土壤、空气和野生动植物), 并保护文化, 娱乐和审美价值。

5. 实现手段多样化。不管是发达国家还是发展中国家, 传统林业以通过林木生产作为获得收入来源为重点, 但社区林业力求通过改善源自森林的利益的数量、质量及其多样性, 而非通过木材采伐和出口来改善人们的工作和收入来源。

二、社会林业、社区林业和乡村林业

从概念上而言, 学术界至今未能明确区别社会林业与社区林业, 并且争论持续至今。我国许多学者倾向于将社会林业、社区林业和乡村林业 (rural forestry) 视为同一概念。[1] 有学者在中国的情景下, 将社区林业定义为"乡村林业是在农村社区的发展中, 以林业为对象, 以农民为产业主体, 以农民的参与为主要特征, 以增加林区农民收入、改善其生活条件、改善农村生态环境, 促进农村社会的综合、协调与可持续发展"(徐国祯, 1998; 李维长, 2001; 于海燕, 2007)。

但事实上, 社会林业、社区林业和乡村林业在概念上有所区别。首先, 与社会林业相比, 社区林业更强调社区、地方性的特征。社区是个社

---

[1] 例如刘璨等 (1999), 于海燕 (2007)。

会学概念，指由聚居在一定地理区域范围内的社会成员，以社会关系为纽带，具有地域和文化的归属感的社会生活共同体。社区内的成员对社区事务具有较强的参与性。因此，学术界在讨论社区林业的时，也会将其与"参与林业"等同起来。其次，社会林业和社区林业是一种森林经营管理方式，它既可以运用于乡村林业，也可以运用于城市林业；城市林业和乡村林业，仅从地理上界定了林业的范围，而与经营方式无关。因此，社会林业和社区林业是从经营管理方式维度定义林业，而乡村林业和城市林业是从地理维度界定林业。但有时候这些概念会被混用。例如，在英格兰地区，社区林业通常是指为了公共利益而对城市更新地区的林地和现有林地进行管理（Lawrence，2009），这显然与城市林业相近。随着社区林业（community forestry）的概念传入我国，由于"Community"一词在中文译意中有"地域、区域、社区、村社"等含义，因此我国许多学者用"乡村林业"这一名词来代替"社会林业"，以便更好地体现农民参与林业活动的特点（徐国祯，1998）。将社区林业和乡村林业等同起来不可避免地容易引起误解。因此，本书在使用"乡村林业"这个概念时，首先强调林业的乡村属性，即指农民在集体林地上从事与林业相关的林业活动，其次强调社区林业的经营理念。

三、乡村林业成功的要素

虽然政策制定者在应对森林退化和贫困问题时，总是将乡村林业视为优先选项，但实践上，乡村林业项目的结果喜忧参半。贝恩斯（Baynes）等（2015）曾通过对墨西哥、尼泊尔和菲律宾三个发展中国家乡村林业研究文献的考察，并借鉴了亚洲、拉美和非洲其他国家的经验，从五个方面总结了乡村林业成功的因素。这些因素对中国乡村林业的发展同样具有借鉴意义。图2展示了影响乡村林业群体成功与否的各因素之间的因果关系图。

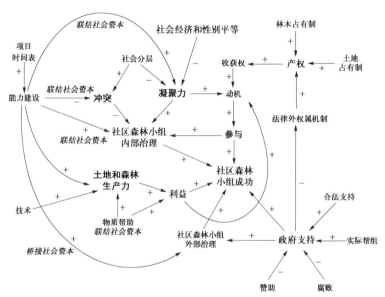

图2　影响社区林业群体成功与否的各因素之间的因果关系图

图片来源：贝恩斯等（2015）。

（1）（树木和土地）产权保障。保障（树木和土地）产权，使农民可以从土地/树木中汲取资源，获得出租或出售资源的权利，从而使其具备管理和改良土地的动机，并确保其权利的排他性，最终将提高农民参与社区林业的动机。产权保障对于实现可持续的森林管理和改善农民生计是必要的，但其他因素，例如良好的治理和适当的监督框架同样至关重要。

（2）基于社会经济地位和性别的不平等。改善社会经济地位和性别的不平等将降低社区森林小组（community forest group）的冲突并增加其凝聚力，从而提高社区森林小组的成功概率。如图所述，社会经济和性别不平等主要通过影响社区森林小组的凝聚力，从而影响其成功的概率。显然，这不是社区森林小组成功的必要条件或充分条件。

（3）社区森林小组的内部治理。在民主和（或）领导权、投票和利益分享公平的情况下，良好的社区森林小组内部治理将激励农民参与社区林业的动机。可通过降低冲突、增强凝聚力，提高社区农民参与率和提升社区森林小组能力的方式，改善其内部治理。这将直接提高社区森林小组成功的概率。

（4）政府对社区森林小组的支持。例如，政府通过立法或能力建设，增加了社区林业与社会资本之间的联系和桥梁，从而推动社区林业的发展。或者由于政府的干预、腐败等因素，降低了农民参与社区林业的意愿。

（5）给社区成员的物质利益，会从两个角度增加社区森林小组成功的概率。首先，给予社会成员以物质利益会直接增加其成功的概率；其次，也可以通过强化社区成员参与社区林业的动机，最终促使其成功。通常，物质利益的来源有两个方面：一是通过改进技术或提升社区森林小组的能力，增加土地和森林的生产力；二是通过外部的物质资助，例如财政转移支付或其他社会资本。

第二节　我国乡村林业发展历程及其政策特征

虽然乡村林业的概念始于 20 世纪 70 年代，但各国的乡村林业实践却有着悠久的历史。我国同样也不例外。林业属于大农业范畴。我国乡村林业发展历程的变迁与农业发展密不可分。我们可从林地权属关系演变的角度，清晰地区分我国 70 多年来乡村林业变迁的历史进程及其政策特征。

新中国成立前，国家权力难以渗透到乡村，尽管中国历史上早就建立起保甲体系以期实现对乡村的控制，不过具体实践中国家还是依赖宗族体系和士绅阶层实现对乡村的治理。因此，国家主要通过制定政策、法规，免费提供苗木，发放官有荒山，劝告农民植树造林等方式，有限度地参与林业。林业工会创办示范林场，指导农民植树造林，但第三方组织从未成为林业经营活动的主体。乡规民约也在山林管理中起着重要的作用（樊宝敏，2009）。乡村林业真正的参与主体是农民，主要通过经营经济林等获得收益。农民也是乡村林业的受益主体，通过经营林业，获得林副产品和经济收入。这一阶段的乡村林业的主要目标是追求林业的经济效益，获得林业收入，但弱化了林业的生态效益。

1950 年新解放区实行土地改革。1950 年 6 月颁布的《中华人民共和国土地改革法》，将没收和征收的山林、竹林等土地，依法分配给无地少地的农民，确认了山地、林地的私人土地产权，并将大森林等收归国家所有。1951 年 4 月政务院在《关于适当地处理林权，明确管理保护责任的指示》中指出，在确定林权归属的基础上，由县级人民政府发给林权证书，从形式上确认了农民的林地和林木所有权。这一阶段农民获得了林地和林木所有权，因而是林业活动的参与主体与受益主体。

随着土地改革的完成，我国逐步过渡到农业合作化道路。乡村林业的发展，也逐步走向合作化。1955 年 11 月《农业生产合作社示范章程》原则性规定了农村各类山林、果园、竹林等的经营形式。从互助组到初级社然后到高级社，逐步把农民个人所有的山林变成了个人和集体共同所有，农村林业逐步由分散经营转向集中统一经营。这一时期农民和生产合作社成为乡村林业的经营主体，并且其重心逐步过渡到农村合作社。

土地改革和合作化时期都极为短暂。1958 年我国农村基本上实现了人民公社化，农村土地制度完成了从私有制向集体公有制的转变，从而也改变了乡村林业参与主体。人民公社时期，山林权属"三级所有，队为基础"，实行乡村林场统一经营，成为集体林业的基本制度和主要经营形式。农民被组织在人民公社和生产队的框架下。虽然农民依然是乡村林业的从业者，但从林业活动的决策权和收益权的角度看，人民公社和生产队才是乡村林业的真正集体。国家和政府主要通过制定法律、政策等方式，参与乡村林业。这一时期，乡村林业发生了许多变化。例如用材林、薪炭林等从经济林中分化出来，防护林和"四旁"绿化林等公益林也逐步出现。总体而言，这一时期的乡村林业以木材生产为主，偏重经济效益，而对社会效益尤其是生态效益的关注较少。

1978 年我国农村开始了家庭联产承包责任制改革，林业领域的改革工作也正式展开。从林业政策层面分析，1978 年以来我国的林业政策改革主要沿着三个路径展开。一是从探索林权制度改革入手，恢复、发展林业生产，以实现林业的经济效益。1981 年，《中共中央、国务院关于保护森林发展林业若干问题的决定》确定了稳定山权林权、划定自留山和确定林业生产责任制（即林业"三定"）的发展方针。林业通过"三定"改革，在集体林区推行家庭承包经营制度，初步建立起以家庭承包制为核心的林业经营制度，将农户家庭塑造成为参与林业市场的林业微观经营主体（王天明和张海鹏，2017）。1984 年《中华人民共和国森林法》对乡村集体、个人的林木、林地所有权，植树造林、森林采伐及经营权等问题有了明确的界定。然而，由于林权阶段的复杂性，这一时期的改革并不彻底，林业领域依然普遍存在产权不明晰、经营主体不落实、经营机制不灵活、利益分配不合理等问题，制约了林业的发展。

二是林业商品的市场化改革。1985 年《中共中央、国务院关于进一步活跃农村经济十项政策》确定"取消木材统购，放开木材市场，允许林农和集体的木材自由上市，实行议购议销"，通过引入市场机制，进一步放开集体林区木材经营。1992 年党的十四大提出了以建立社会主义市场经济体制为目标的经济体制改革，改革涉及了木竹税费、林产品流通市场、林业股份合作等诸多领域，基本建立了木材价格的市场调节机制，建立了木材生产经营企业的市场化经营机制，从而为培育新型林业经营主体奠定了基础。

三是实施森林资源保护，以实现林业的生态效益。1978—1991 年间的森林保护是以森林限伐为切入点。例如，1981 年颁布了《关于保护森林发展林业若干问题的决定》，确定了保护森林的方针；1982 年《关于制止乱砍滥伐森林的紧急指示》要求全国各地限期制止乱砍滥伐森林事件。1985 年《制定森林采伐限额暂行规定》暂行规定了每年森林采伐的限额。1986 年《中华人民共和国森林法实施细则》规定了对森林实施限额采伐。1987 年中共中央、国务院《关于加强南方集体林区森林资源管理，坚决制止滥砍滥伐的指示》指出林区乡村企业生产用材和群众自用材也要纳入采伐限额。1989 年颁布了《关于加强林木采伐许可证管理的通知》，在全国实行林木采伐许可证制度。1998 年特大洪水以后，国家逐步在 18 个省（市、自治区）实施以从根本上遏制生态环境恶化，保护生物多样性，促进社会、经济的可持续发展为宗旨的天然林保护工程，在对天然林进行重新分类和区分后，调整森林资源经营方向，对划入生态公益林的森林实行严格管护，坚决停止采伐，对划入一般生态公益林的森林，大幅度调减森林采伐量。这是中国林业发展指导思想和政策上的一次重大调整，不仅彻底颠覆了国有林区以采伐生产为主要目的的传统林业思想，也在历史上第一次建立了林业财政投入的政策和机制（张壮和赵红艳，2018）。

沿着这三条路径的林业改革，在 2003 年以后进入到新的阶段。首先，从产权制度改革而言，探索集体林权制度改革，为乡村林业的发展提供产权保障。2002 年的《农村土地承包法》和 2007 年《物权法》颁布实施后，从法律上规定了农村土地依法实行土地承包经营制度，集体林权制度进入深化改革实质性推进阶段。2003 年 4 月福建省在全国率先出台了《关于推进集体林权制度改革的意见》，全面启动集体林权制度改革，要求将集体林地按人头平均分配到户，全面落实所有权、经营权、处置权和收益权（合称"四权"），实现"山有其主、主有其权、权有其责、责有其利"。2004 年 8 月江西省出台《关于深化林业产权制度改革的意见》，开始实施以"明晰产权、减轻税费、放活经营、规范流转"为内容的林权制度改革。在此基础上，2008 年颁布了《中共中央国务院关于全面推进集体林权制度改革的意见》，标志以明晰产权、承包到户为改革任务的新一轮集体林权制度改革在全国范围内正式启动，确立了农民的经营主体地位。2006年通过的《中华人民共和国农民专业合作社法》使林业合作社逐步进入乡村林业，但还不是参与主体。2012 年集体林权制度改革主体工作完成。产权制度是乡村林业的核心要素。这一阶段的改革，在明晰产权的基础上，进一步培育了新型林业经营主体。显然，不管是农户还是新型林业经营主体，都关注林业的经济效益。

其次，从市场化改革的角度而言，随着社会主义市场经济体系的建立，使市场化的资源配置手段成为林业要素配置的基础，市场的林产品的流通和价格体制已经基本建立起来，这为乡村林业的发展提供了市场基础。

最后，2003年《中共中央、国务院关于加快林业发展的决定》标志着我国林业由以木材生产为主向以生态建设为主的历史性转变，实现了林业建设指导思想的历史性转变。随着我国实行工业反哺农业、城市支持农村和"多予、少取、放活"的方针，国家对农业实现了从"取"到"予"的根本性转变（张天佐等，2018）。我国开始对林业生态建设方面进行了大规模的投入，林业进入到生态建设为主时期。同时为了配合生态建设，国家加大了对林业的政策性补贴。

2012年后，随着集体林权制度改革主体工作的结束和我国农村用地制度改革进入了"放活'三权分置'改革阶段"（高国力和王继源，2019），林业领域围绕集体林权流转实施进一步配套改革。通过林权流转吸引社会资本进入乡村林业，一方面培育了众多新型林业经营主体，另一方面推动乡村林业的发展和农民增收。此后陆续出台了《关于加快推进生态文明建设的意见》、《关于完善集体林权制度的意见》和《关于加强林业品牌建设的指导意见》等一系列政策，重点加强了我国林业的体制机制改革。2017年十九大报告又提出实施乡村振兴战略，2018年《中共中央国务院关于实施乡村振兴战略的意见》从农业强、农村美和农民富的角度，指明了乡村振兴战略的战略任务。党中央、国务院越来越关注林业在农民就业增收中的作用。例如，2018 年《中共中央国务院关于打赢脱贫攻坚三年行动的指导意见》主要从生态扶贫的角度，强调了农民如何通过林业获得就业增收。2017 年，习近平总书记再次对集体林权制度改革作出重要指示，明确要求继续深化集体林权制度改革，更好实现生态美百姓富的有机统一。2019 年习总书记在甘肃调研，再次强调了生态与林农就业增收。同年，国家林草局在武威召开了"全国林业和草原宣传工作会议"，提出在防沙治沙、生态系统保护和修复、林业产业发展与生态扶贫等方面加大对八步沙和民勤的支持力度，提供科学指导和项目支持，推动防沙治沙生态效益、社会效益和经济效益的协调可持续发展。这是相关部门首次把林业的社会效益置于经济效益前，是对新时期集体林业发展的新要求的回应。由于集体林权制度改革主体工作的完成和配套改革的不断完善，集体林权流转在主体上已经扫清了障碍，越来越多的社会资本通过林权流转进入到林业领域，这一时期的乡村林业参与主体不仅包括国家、集体和农民，还包括涉林企业、林业合作社等新型经营主体，从乡村林业目标上看，包括集体、农民和新型经营主体追求经济效益，而国家则不仅强调生态效益（生态美）也兼顾经济效益（百姓富）。因此这个阶段的林业政策强调林业作为解决三农问题的重要载体，追求多元、综合性的目标。

纵观 1998 年以来的林业政策，我国乡村林业的主导目标大致经历了三个阶段的调整。第一阶段（1998—2008 年）：强调生态保护。1998 年长江特大洪水后，我国林业从经济效益优先逐步转向生态效益优先，生态建设为主的阶段。2003 年 6 月 25 日中共中央国务院颁布《关于加快林业发展的决定》确立了以生态建设为主的林业可持续发展道路，实现了林业建设指导思想的历史性转变。2004 年《关于促进农民增加收入若干政策的意见》和 2005 年《关于进一步加强农村工作提高农业综合生产能力若干政策的意见》都强调了农民增收是农业和农村工作的总体要求之一，对林业如何实现农民增收却只字未提。但两份文件都强调林业的生态建设要求，要继续搞好生态建设，实施天然林保护、退耕还林还草和湿地保护等生态工程，抓好防护林体系和农田林网建设，为建设高标准农田营造良好的生态屏障。

第二阶段（2008—2016 年）：强化生态建设的基础上，逐步强调农民就业增收。这一阶段的林业政策一方面承袭了 2003—2004 年的政策路径，注重林业的生态功能；另一方面开始关注林业如何促进农民就业增收。早在 2003 年开始，我国开始建立起林业财政投入机制，并初步建立起退耕还林补贴等林业补贴政策，以增加农民收入。但总体上，这些政策属于生态建设的配套政策。

2008 年 6 月，在国际金融危机对连续多年保持较快增长的农民收入带来较大压力的背景下，中共中央、国务院颁布《关于全面推进集体林权制度改革的意见》指出，集体林权制度改革是促进农民就业增收的战略举措；并首次将"促进农民就业增收的战略举措"摆在了生态文明建设和现代林业发展前面。从此，乡村林业逐步过渡到依靠集体林权及其配套制度改革，盘活林业资产，实现产业融合，最终实现农民就业增收的目标。

2009 年，中共中央、国务院《关于促进农业稳定发展农民持续增收的若干意见》明显扩展了林业对农民持续增收的措施，如开展林权抵押贷款等金融措施；建设现代林业，发展山区林特产品、生态旅游业和碳汇林业；并计划用 5 年左右时间基本完成集体林权制度改革任务，并在集体林地经营权和林木所有权已经落实到户的地方，加快配套制度改革。2010 年中共中央、国务院《关于加大统筹城乡发展力度进一步夯实农业农村发展基础的若干意见》首次明确提出通过建立林业支持保护体系，深化集体林权制度改革，加快推进配套改革等措施扶持林业产业发展，达到促进林农增收致富的目的。2013 年中共中央、国务院《关于加快发展现代农业进一步增强农村发展活力的若干意见》指出扩大林权抵押贷款规模，完善林业贷款贴息政策，健全政策性农业保险制度，探索建立严格的工商企业租赁农户承包耕地（林地、草原）准入和监管制度。

2015 年，我国经济发展进入新常态，正从高速增长转向中高速增长，如何在经济增速放缓背景下继续强化农业基础地位、促进农民持续增收，是必须破解的一个重大课题。2016 年中共中央、国务院《关于落实发展新理念加快农业现代化实现全面小康目标的若干意见》指明了林业如何促进农民增收，指出要将大力发展休闲农业和乡村旅游，进一步拓展到了林业领域。2017 年中共中央、国务院《关于深入推进农业供给侧结构性改革加快培育农业农村发展新动能的若干意见》从做大做强优势特色产业，优化农业区域布局，大力发展乡村休闲旅游产业，加强农业科技研发开发农村人力资源等角度阐述了林业如何实现农民增收。

第三阶段（2018 年—现在）：生态美、百姓富，实现生态效益与经济效益的有机统一。党的十九大报告指出农业农村农民问题是关系国计民生的根本性问题，必须始终把解决好"三农"问题作为全党工作的重中之重，实施乡村振兴战略。乡村振兴从多维视角审视了"三农"问题，进一步拓宽了对乡村林业在"三农"问题上的角色。2018 年中共中央、国务院《关于实施乡村振兴战略的意见》坚持农业农村优先发展，按照产业兴旺、生态宜居、乡风文明、治理有效、生活富裕的总要求，建立健全城乡融合发展体制机制和政策体系，统筹推进农村经济建设、政治建设、文化建设、社会建设、生态文明建设和党的建设。《意见》首次将"绿水青山就是金山银山"的理念写进了一号文件，指出要实现百姓富、生态美的统一。事实上，这一理念酝酿已久。早在 2005 年 8 月时任浙江省委书记的习近平在浙江安吉考察时就提出"绿水青山就是金山银山"的科学论断。2017 年 5 月，习近平总书记对集体林权制度改革做出重要指示，明确要求继续深化集体林权制度改革，更好实现生态美百姓富的有机统一。

2019 年中共中央、国务院《关于坚持农业农村优先发展做好"三农"工作的若干意见》的主要目标是为确保顺利完成到 2020 年承诺的农村改革发展目标任务，其中完成脱贫攻坚任务是重中之重。在涉林方面，《意见》一方面指出要加强农村生态环境保护；另一方面要加快发展乡村特色产业。因地制宜发展多样性特色农业，倡导"一村一品"、"一县一业"。积极发展果菜茶、食用菌、杂粮杂豆、薯类、中药材、特色养殖、林特花卉苗木等产业。

2020 年中共中央、国务院《关于抓好"三农"领域重点工作确保如期实现全面小康的意见》的目标是确保全面建成小康社会目标实现和全面打赢脱贫攻坚战。其中涉林方面的内容包括：（1）巩固脱贫成果防止返贫。扩大贫困地区退耕还林还草规模。（2）稳定农民工就业。鼓励地方设立乡村保洁员、水管员、护路员、生态护林员等公益性岗位。（3）加快推进国有林区林场、集体林权制度等改革。

第二章　现实议题：林区农民收入问题

　　中国居民收入差距主要体现在区域差距和城乡差距两个维度（Xue 和 Zhou，2014）。这两个维度和林业有着密不可分的联系。首先，从区域差距看，我国的集体林区与全国贫困县高度耦合。虽然这些贫困县已于 2020 年全部顺利脱贫，但这些地区经济落后、居民收入低是不争的事实。其次，从城乡差距看，我国乡村林业是林业的主体，而农民居民收入远低于城市居民收入。本章将讨论两个部分的内容。首先，将从城乡比较的角度讨论城乡收入差距扩大以及农民收入的结构变化、内部差异扩大和收入增长放缓。这是我们理解林区农民收入的基本背景，即与城市居民相比，农民收入持续处于劣势，并且其劣势地位未能根本扭转。其次，将讨论林业收入和林区农民收入的问题，即农民收入构成中，来自林业的收入偏低，以及林区与粮区农民收入差距的扩大。这表明需要通过林业改革增加林区农民的收入，最低限度的目标应当是林区农民与粮区农民收入差距不再持续扩大。

第一节　城乡收入差距扩大与农民收入现实

　　林区农民收入问题并不是一个孤立的问题。在正式讨论林区农民收入问题前，本节从中国城乡居民收入差距和农民收入现实这个更广阔的视角，介绍中国林区农民收入现实的背景。首先是城乡收入的绝对差距持续扩大和相对收入差距的缩小，农村居民收入劣势没有从根本上得以扭转。

其次是农民收入的现实，即农民结构变化的变化、农民内部收入差距的扩大和近年来农村收入增长的放缓。中国农村居民收入遭遇的困境是我们理解林区农民收入的基本背景。

一、城乡收入差距

图 3 的上半部分清晰地显示了 2001—2019 年中国城乡居民收入变化，即城乡居民收入持续增长的显著，但城乡居民收入的绝对差距在持续扩大。图 3 下半部分显示了 2001—2019 年虚线部分显示新旧两个口径下城乡

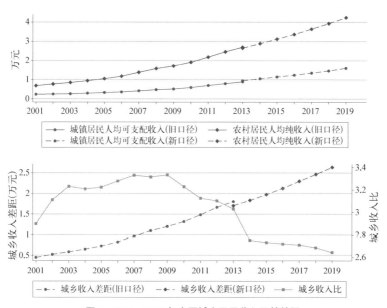

图 3　2001—2019 年全国城乡居民收入及其差距

数据来源：《中国统计年鉴》。

注：国家统计局估算的收入不同时期统计口径上有差异。图中 2001—2012 年是城镇居民可支配收入与农村居民纯收入，2013—2019 年的城乡居民可支配收入。城乡收入差距和城乡收入比依此数据计算所的。

居民收入差距及城乡收入比的变化，该图显示城乡居民收入差距从 2001 年的约 4 500 元扩大到 2013 年的约 18 000 元，2019 年城乡居民可支配收入差距扩大到约 26 000 元。城乡收入比数据显示，城乡居民收入比 2002—2013 年大于 3，但 2014 年开始逐步呈下降趋势，从 2014 年的 2.75 缓慢下降至 2019 年的 2.64，但城乡收入差距仍然较大。虽然从城乡居民收入比的视角看，近年来城乡居民收入差距略有缩小，这主要得益于农村居民可支配收入的增长导致基数的扩大，但从收入绝对值看，城乡居民收入差距在持续扩大。

二、农民收入结构的变化

2001—2019 年中国农民人均收入从 2 253.4 元增加到 16 020.7 元，增加了约 5.8 倍。与此同时，农民收入结构也发生了重大变化。经营性收入占农民人均收入的比重从 2001 年的 63.3% 下降到 2019 年的 36%。其中 2019 年，第一产业的经营性收入占农民人均可支配收入的比重仅为 23.3%。工资性收入占农民人均收入的比重从 2001 年的约 31.2% 微升至 2019 年的 41%；转移净收入的比重从 2001 年的约 3.5% 迅速增加到 2019 年的 20.6%（见图 4）。农民收入结构的变化表明农业在增加农民收入中的作用越来越式微，反之转移净收入和工资性收入在农民收入中的重要性日益凸显，这可能得益于非农就业机会和国家对农业补贴的增长。

三、农村内部收入差距持续扩大

罗楚亮等（2021）研究发现，农村内部收入差距的持续扩大已经成为中国收入不平衡的重要来源之一。因此，农村内部收入差距的持续扩大也应值得警惕。据国家统计局公布的城市内部和乡村内部收入差距的基尼系

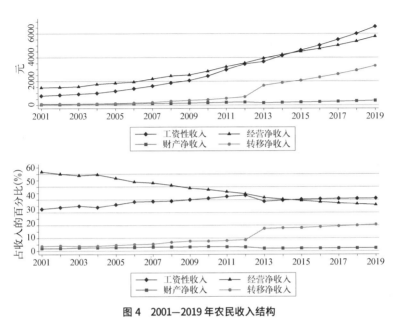

图 4　2001—2019 年农民收入结构

数据来源:《中国农村统计年鉴》。

注:2000—2012 年为农民人均纯收入,2013—2019 年为农民人均可支配收入。

数,1984—2009 年农村居民收入差距的基尼系数持续高于城市居民收入差距的基尼系数。这表明农村居民收入差距大于城市居民收入差距。[1]并且 2001—2009 年农村居民收入基尼系数在持续增加。[2]图 5 上半部分利用 2000—2020 年间中国农村居民收入各个分组的收入数据,非常清晰地显示了农民内部收入差距持续扩大的趋势并没有在 2010 年后得以扭转。20% 高收入组家庭人均可支配收入从 2000 年的 5 190 元增加到 2020 年的 36 049

[1] 详见张东升(2012)。

[2] 2010 年后没有农村内部收入差距的基尼系数,因而我们没有利用基尼系数讨论之后的农村内部收入差距的趋势。

元，但 20% 最低收入家庭人均可支配收入仅从 2000 年的 802 元增长至 2020 年的 4262.6 元，这一数据还不及 20% 高收入组家庭 20 年前的收入水平（即 2000 年的 5190 元），是 20% 中间收入组家庭 12 年前的收入水平（即 2008 年 4203 元），或者是 20% 中间偏下收入组家庭 9 年前的收入水平（即 2011 年 4255 元）。图 5 下半部分则清晰地展示了 5 个组别人均可支配收入年增长率。[1]从该图不难看出，20% 最低收入组家庭的人均可支

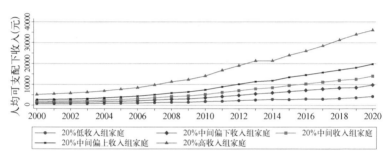

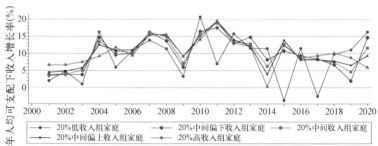

图 5　2000—2020 年农村居民按收入五等份分组的人均可支配收入及其年增长率

数据来源：《中国住户调查年鉴（2020）》。

注：国家统计局估算的收入不同时期统计口径有差异。图中 2000—2012 年是农村居民纯收入，2013—2020 年的农村居民可支配收入。增长率数据也是依据该数值计算。

---

[1]　人均可支配收入年增长率是作者依据《中国住户调查年鉴（2020）》中的人均可支配收入数据所计算的。

配收入年增长率在大部分年份都低于其他四个组别，并且增长率的波动性也明显高于其他四个组别，这表明 20% 最低收入组家庭收入的不稳定性。因此，要缩小农村内部收入不平等，就必须使低收入群体获得稳健的、持续增长的收入。2018 年以后 20% 最低收入组人均可支配收入增长率高于其他四个组，这显然与扶贫政策密切相关。值得注意的是，由于我国林区山区与贫困地区高度耦合，这意味着林区山区农民收入与平原地区的农民收入差距在持续扩大。这一点将留待下文进一步证实。

四、农村居民收入增长放缓问题

2001—2011 年农民人均可支配收入实际增长率持续上升，从 2001 年的 4.7% 增长至 2011 年的 11.4%，但此后增长率出现下降（图 6）。虽然 2010

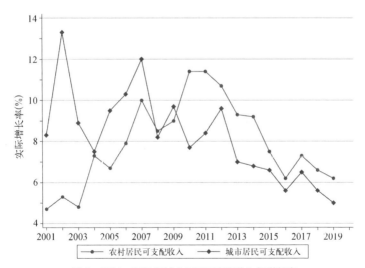

图 6　2001—2019 年城乡居民可支配收入年增长率
数据来源：《中国统计年鉴（2020）》。

年以来农民人均可支配收入年增长率高于城市居民人均可支配收入，导致城乡居民收入比缓慢下降，但由于城市居民可支配收入远高于农村居民，因此城乡收入绝对差距仍然持续在扩大（见图3）。因此，城乡居民收入差距继续扩大的基础并未削弱（罗楚亮等，2021）。要缩小城乡居民收入不平等，就必须确保农民收入增长持续高于城市居民。

第二节　林业收入与林区农民收入现实

本节主要讨论林业在农民收入中的地位以及林区农民收入的现实。首先，虽然来自第一产业的收入在增长，但第一产业在农民收入中的地位在逐步下降。从全国平均而言，林业对农民收入的增长的作用极为微弱，但在林区，林业对农民的收入仍具有重要意义。但是，与粮区相比，林区农民收入处于劣势地位，并且林区与粮区农民收入的差距增长仍在逐步扩大。

一、来自林业的收入偏低问题

图 7 展示了 2000—2020 年农民收入来源。图 7 上半部分显示，农民居民可支配性收入中，来自第一产业的收入从 2000 年的 1 090 元增长至 2020 年的 3 730 元，其一直是农民最重要的收入来源。[1] 然而，图 7 下半部分显示，第一产业的收入主要来自农业，从 2000 年的约 834 元增加至 2020

---

[1]　由于来自第三产业收入的增长，来自第一产业的收入占农民人均可支配收入的比重从 2000 年的约 34.6% 下降至 2020 年的约 23.3%。

年的2 740元; 而来自林业的收入仅从2000年的约22.4元增长至196.7元, 约为农业的1/14。[1] 国家林业和草原局经济发展研究中心对16个省区的长期跟踪观察表明, 林业收入占农民收入的比重从2002年的26.27%下降至2018年的不足10%(刘璨, 2019)。从总体上看, 林业对于农民增收的潜力还有待发掘。

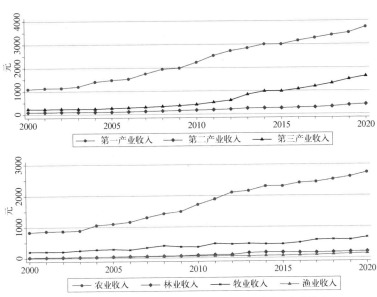

图7 2000—2020年农民居民收入结构及来自农业收入部分的分布
数据来源:《中国统计年鉴》。

二、粮区与林区农民可支配收入差距的扩大

为了比较林区与其他地区之间农民人均收入差异, 我们建立2001至

---

[1] 值得注意的是, 这是全国均值。由于我国森林资源分布的区域差异很大, 林业对农民收入的贡献也因区域而异。

2018 年 1 061 个县的农村居民可支配收入数据集，以 4 个维度考察林农和粮农收入差异：（1）按照地理条件比较山区、丘陵和平原地区；（2）区分老少边穷地区进行比较；（3）比较集体林区和产粮大县；（4）比较森林资源大县和产粮大县。

首先，依据《中国县域统计年鉴（2013 年）》各县地理条件，将样本县划分为山区（478 个县）、丘陵地区（272 个县）和平原地区（311 个县），并以山区为基数，计算平原地区和丘陵地区与山区农民人均可支配收入之间的差距。图 8（A）显示了 2002—2018 年平原、丘陵地区与山区农民人均可支配收入差距的变化。该图清晰地显示，2005 年及以前平、丘陵地区与山区农民人均可支配收入差距没有显著差异，但此后这两个地区与山区农民人均可支配收入差距呈扩大趋势，并在统计学上具有显著差异。平原和山区的农村居民可支配收入差距从 2001 年的 1 005 元扩大到 2018 年的 4 487 元；而丘陵和山区的农民可支配收入差距从 2001 年的 452 元扩大到 2018 年的 3 294 元。

其次，我们将《中国县域统计年鉴（2013 年）》提供的民族县、陆地边境县、国家扶贫工作重点县，和"中国革命老区大数据平台"提供的老区县定义为老少边穷地区，并将之与其他县进行比较，图 8（B）显示，两个地区的农民人均可支配收入差距持续上升，并 2005 年后前两者的差距具有统计学显著性。

再次，比较了重点林业和产粮大县之间的农民人均可支配收入差距。[1]

---

[1] 该分类的优点在于区别了国有林区和集体林权，缺点在于没能考虑林业在该区域的重要性。

以林为生：中国乡村林业的现实与发展研究

我们将全国集体林区重点林业县定义为重点林业大县。[1] 产粮大县的定义是依据 2009 年国务院办公厅制订的《全国新增 1 000 亿斤粮食生产能力规划（2009—2020 年）》中确定的 800 个产粮大县（市、区、场）名单。[2] 以此，我们将样本县分为四类，即重点林业县兼产粮大县、重点林业县且非产粮大县、非重点林业县产粮大县、非产粮大县非重点林业县。我们分别比较了重点林业县兼产粮大县、非重点林业县非产粮大县及非重点林业县产粮大县与重点林业县非产粮大县的农民人均可支配收入差距，发现非重点林业非产粮大县农民人均可支配收入从 2007 年开始显著高于重点林业县非产粮大县，此外非重点林业县产粮大县和重点林业县兼产粮大县的农民人均可支配收入分别于 2009 和 2010 年开始显著高于重点林业县非产粮大县，并且收入差距呈进一步扩大趋势（见图 8（C））。

最后，为了比较林区和粮区农村居民人均纯收入/可支配收入差异，我们选择了森林资源丰富县和产粮大县进行比较分析。[3] 这样的研究设计，优势在于可反映出林区和粮区政策差异导致的收入变化。对森林资源丰富县的定义，我们参考了冯菁（2007），将第五次（1994—1998 年）森林资源清查中森林覆盖率超过 30% 的县定义为森林资源丰富县。[4] 产粮大县的定义仍然依据 2009 年国务院办公厅制订的《全国新增 1 000 亿斤粮食生产

---

[1] 集体林业重点林业县名单见附录 1。该分类的优势在于可以衡量林业在该区域的重要性，但不能排除国有林区的影响。

[2] 详细名单见附录 2。

[3] 通常，许多林业经济研究文献简单地将林区和山区、丘陵地区等同，通过比较山区、丘陵区和平原区的农民人均收入来概况探究林农和粮农的收入。但山区、丘陵和林区并不能等同。附录 1 中，图 8（A）显示山区和丘陵地区许多县属于产粮大县。这表明，用地形作为林区和粮区的代理变量，无法精准识别政策因素对林区和粮区农民收入的影响。

[4] 森林资源丰富县的名单见附录 3。

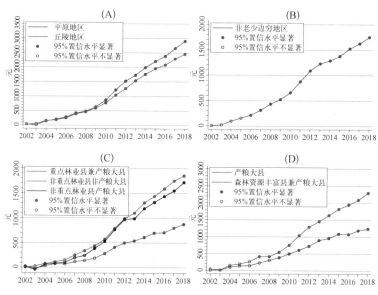

图8　2002—2018年各区域之间的收入差距

能力规划（2009—2020年）》中确定的800个产粮大县（市、区、场）名单。我们建立了2001—2018年县级平衡面板数据库，共获得了1 061个县的农村居民人均纯收入/可支配收入数据，其中355个产粮大县、267个森林资源丰富县、77个产粮大县及森林资源丰富县和412个非森林资源丰富县非产粮大县。为了比较粮区和林区农民人均可支配收入的差异，我们将非林业丰富县非产粮大县（412个）排除，并比较前三类县的农民人均可支配收入差异。图8（D）图2展示了2001—2018年产粮大县、森林资源丰富县、产粮大县及森林资源丰富县三种类型的县农村居民人均纯收入/可支配收入的变化趋势，基准值是森林资源丰富县。该图清晰地显示2002年前后，三个地区之间的收入几乎没有差异，但此后区域之间的收入差距呈现

　　　　　　　　　　以林为生：中国乡村林业的现实与发展研究

扩大趋势，并分别在 2007 和 2008 年后，森林资源丰富县农民人均可支配收入显著低于产粮大县和森林资源丰富县兼产粮大县。截至 2018 年收入差距分别扩大到 2 297 元（产粮大县）和 1 233 元（森林资源丰富县兼产粮大县）。需要注意的是，产粮大县与森林资源丰富县兼产粮大县之间的收入差距也呈扩大趋势，并且其基本趋势与其和产粮大县收入差距趋势非常相似。这提示我们，森林资源丰富县和产粮大县之间的收入差距扩大趋势，可能是由结构性因素导致的。

第三章　探根究底：影响林区农民收入的主要因素

为何林区和粮区农民收入差距不断扩大？本章将从林区和粮区的政策差异出发，探讨农林产业投入的差异、惠农强农富农政策对林业和农业的不同影响、生态建设要求对林区的特殊影响和林区基础设施及林业特质四个因素对林区和粮区农民收入差距扩大的影响，发现林区和粮区农民收入差距的扩大当然有其主客观因素，但经济导向的农业政策和生态导向的林业政策之差异是其根本原因。

经济效益是我国农业政策的主导目标。围绕如何推动实现粮食安全和农业经济增长，国家在1978—1984年推进和完善了家庭联产承包责任制；在1985—1992年深化和完善农产品流通体制改革；在1993—1997年大力推进农业产业化经营并建立健全农业社会化服务体系；以及自1998年以来大力提高农业综合生产能力，发展中国特色现代农业。这些农业政策一以贯之的基本目标都是解放和发展农村生产力。

而生态效益是当前我国林业政策的主导目标。1998年长江特大洪灾后，林业政策逐步从经济效益优先过渡到生态效益优先。2003年出台的《中共中央、国务院关于加快林业发展的决定》确立了以生态建设为主的林业可持续发展道路，标志着林业建设指导思想的历史性转变。此后的一系列林业政策措施，如退耕还林、生态公益林建设、禁止天然林商业性砍伐等，虽然毋庸置疑地提高了森林覆盖率，但广大林农却承担着这些政策带来的额外成本。数据分析显示山区农民与丘陵和平原地区农民收入差距扩大的转折点在 2003 年，这精准吻合了我国林业政策的转变时间点。

第一节　农业和林业产业投入差异极大

对农业和林业产业投入的差异是农林政策导向差异的结果。正如前述分析，我国农业政策是以实现粮食安全为主导的增产型政策，而长期以来，我国的林业政策一直在生态效益与经济效益之间游走，当前林业政策的主导目标是追求生态效益。这导致全社会对农业和林业的投入的数量、结构方面的差异。

首先，从国家财政在农林水各项支出结构上看，国家财政对农业支出远高于林业。截止 2019 年，国家财政用于农业的支出高达 6 554.7 亿元，用于林业的财政支出仅为 2 007.7 亿元，不及农业财政支出的 1/3（见表 3）。

表 3　国家财政用于农林水各项支出　　　　　　单位：亿元

年份	农业	林业	水利	南水北调	扶贫	农业综合开发	农村综合改革
2008	2 278.9	424	1 122.7		320.4	251.6	
2009	3 826.9	532.1	1 519.6		374.8	286.8	
2010	3 949.4	667.3	1 856.5	78.4	423.5	337.8	607.9
2011	4 291.2	876.5	2 602.8	68.9	545.3	386.5	887.6
2012	5 077.4	1 019.2	3 271.2	45.9	690.8	462.5	987.3
2013	5 561.6	1 204.3	3 338.9	95.6	841	521.1	1 148
2014	5 816.6	1 348.8	3 478.7	69.6	949	560.7	1 265.7
2015	6 436.2	1 613.4	4 807.9	81.8	1 227.2	600.1	1 418.8
2016	6 458.6	1 696.6	4 433.7	65.7	2 285.9	616.6	1 508.8
2017	6 194.6	1 724.9	4 424.8	116.2	3 249.6	571.2	1 486.9

年份	农业	林业	水利	南水北调	扶贫	农业综合开发	农村综合改革
2018	6 156.1	1 931.3	4 523	130.5	4 863.8	575.6	1 530.3
2019	6 554.7	2 007.7	4 584.4	88.6	5 561.5	288.8	1 644.3

注：1. 各年数据为财政决算数。2. 2019 年林业支出中包含林业和草原支出。
数据来源：《中国农村统计年鉴（2020）》。

其次，国家财政和社会资本对农业固定资产的投资力度远高于林业。如表 4 所示，从金额来看，2018 年社会资本对农业固定资产投资额高达 11 896.3 亿元，而对林业的投资额仅为 1 678.3 亿元，农业吸引社会资本投资的能力远强于林业。从增速来看，2011—2018 年国家财政对农业固定资产投资从 142.2 亿元增长到 657.5 亿元，社会投资则从 2 295 亿元增长到 11 896.3 亿元，分别增加约 3.6 倍和 4.2 倍；但同期国家对林业固定资产投资仅从 185.2 亿元增长到 308.6 亿元，社会投资仅从 696.1 亿元增长到 1 678.3 亿元，分别增长约 1.4 倍和 0.7 倍，且国家预算资金自 2013 年以后基本没有增长。图 9 展示了 2011—2018 年林业和农业固定资产投资指数。该图更直观地显示：（1）林业固定资产投资增速慢于农业固定资产投资增速，且 2014 年以后两者的差距被进一步拉大；（2）固定资产投资中，农业国家预算资金增速自 2014 年开始持续高于林业国家预算增速。

表 4　2011—2018 年林业和农业固定资产投资比较　单位：亿元

年份	林业固定资产投资			农业固定资产投资		
	总计	国家预算资金	社会资金	总计	国家预算资金	社会资金
2011	881.3	185.2	696.1	2 437.2	142.2	2 295.0
2012	985.9	169.0	816.9	3 275.7	203.9	3 071.8

年份	林业固定资产投资			农业固定资产投资		
	总计	国家预算资金	社会资金	总计	国家预算资金	社会资金
2013	1 314.1	328.8	985.3	4 134.3	221.4	3 912.9
2014	1 544.8	293.0	1 251.8	5 459.9	268.0	5 191.9
2015	1 904.2	312.9	1 591.3	7 910.3	346.6	7 563.7
2016	2 075.5	327.6	1 747.9	9 829.0	449.5	9 379.5
2017	2 009.0	353.5	1 655.5	11 188.8	511.3	10 677.5
2018	1 986.9	308.6	1 678.3	12 553.8	657.5	11 896.3

数据来源：《中国农业年鉴》、《中国林业和草原统计年鉴》。

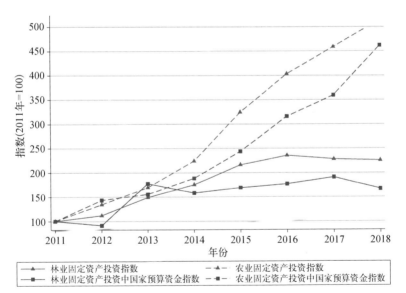

图9　林业和农业固定资产投资指数

其次，国家财政对农业产业发展的投入远高于林业。

表 5 是以 2018 年林业投资完成情况为例，说明各项资金在林业投资

中的结构。首先，林业还是高度依赖财政投入。2018 年全国林业投资共计 4 817.1 亿元，其中来自财政的投入高达 2 432.5 亿元（其中中央财政资金 1 144.5 亿元，地方财政资金 1 288 亿元），占总投资的 50.5%。仅有不到 1/2 的总投资额来自社会资金。其次，生态建设与保护的投入资金（2 125.7 亿元）高于林业产业发展投入资金（1 926.3 亿元）。再次，财政资金投资对生态建设与保护的倾向更加明显，中央和地方财政投入中，约有 68.6% 的资金被用于生态建设与保护，其中分别占中央财政资金和地方财政资金的约 83.4% 和 55.3%；而中央和地方财政投入中，仅约 6.1% 的资金被用于林业产业发展，其中分别占中央财政资金和地方财政资金的约 2.2% 和 9.6%。反之，财政农业的投入用于产业发展的比例远高于林业。

表 5 2018 年林业投资结构

	总计 （亿元）	财政资金		社会 资金
		中央财政资金	地方财政资金	
自年初累计完成投资（亿元）	4 817.1	1 144.5	1 288	2 384.6
1. 生态建设与保护	2 125.7	83.4%	55.3%	19.2%
2. 林业产业发展	1 926.3	2.2%	9.6%	74.5%
3. 林业支撑与保障	608.4	11.4%	30.5%	3.6%
4. 林业基础设施建设	156.6	3.0%	4.5%	2.7%

数据来源：《中国林业和草原统计年鉴（2018）》。

2007—2012 年国家财政中农业生产性支出占农业总体支出比例高达 37%—41%；如果加上四项补贴，则该比例高达 51%—55%。这与林业财政投入中仅有 6.1% 的资金被用于产业发展形成鲜明对比。

第二节　以耕地为载体的惠农强农富
农政策难以传导至林区

我国农业支持政策经历了从"以农支工"到"以工促农"的时代转变。2003年中央农村工作会议提出建立以家庭承包经营为基础，以农业社会化服务体系、农产品市场体系和政府对农业的支持保护体系为支撑，适应发展社会主义市场经济要求的农村经济体制和运行机制。推进市场取向的粮食流通体制改革和建立对农民的直接补贴制度成为农村工作的重点。至此，我国农业支持政策开始步入"以工促农"阶段。

我国的农业支持政策主要分成三种类型。一是以2004年和2006年出台的稻谷、小麦最低收购价政策，及2008年陆续推出了玉米、大豆和油菜籽等重要农产品临时收储政策等组成的价格支持政策。二是以种粮直接补贴、农作物良种补贴、农资综合补贴和农机具购置补贴等为代表的补贴政策。三是一般性服务支持措施。

农业支持保护政策主要体现在我国的强农惠农富农政策中。随着我国农村、农业生产条件的不断变化，这些政策历年都有所延伸和调整。2016年农业农村部推出了52项强农惠农富农政策；2019年已发展到了60项；截至2020年，已发展到65项政策。这些政策涉及农村支持保护、环境资源保护、产业发展和农村改革及其他四个方面，涵盖了农林牧副渔生产者及相关产业。比较近三年政策的变化，不难发现中央的强农惠农富农政策的政策内容越来越具象化，涵盖的门类越来越多，支持的力度越来越大。

我国农业支持以生产者支持为主，总量呈上升趋势。据估计，2014

年的农业支持水平达到 20 134.07 亿元，其中对农业生产者的支持达到 18 015.97 亿元（周应恒等，2017）。对农民收入增长最直接的政策是农业支持保护政策，尤其是其中的耕地地力保护补贴政策（其前身是种粮直接补贴、良种补贴和农资综合补贴，统称为农业三项补贴）。此外，农机购置补贴、农业保险支持政策、小麦、稻谷最低收购价政策等都惠及农民，增加收入。

2004 年以来，我国连续多年把促进粮食等大宗农产品增产放在农业发展的优先位置，逐步建立起一套增产导向的农业支持政策体系（叶兴庆，2017）。其基本特点是通过提高托市收购价，或通过直接生产者补贴，保障农民收益，刺激农民生产积极性，从而实现农业增产的目的。然而，这套增产导向的农业支持政策体系是以保障粮食及大宗农业商品安全为出发点的，难以惠及林农。因此成为拉大林区农民和粮区农民收入的重要推手。

一、价格支持政策

（1）稻谷、小麦最低收购价政策

2004 年全面放开粮食市场购销和价格后，为了保护农民利益，稳定粮食生产，国家开始对粮食主产区实施粮食最低收购价政策。2004 年首先实施水稻最低价收购政策，2006 年起开始实施小麦最低价收购政策。当粮食市场价格下跌到国家公布的最低收购价格时，由中储粮总公司及其有关分公司、粮食主产区地方储备粮管理公司、主销区省级地方储备粮管理公司等主体负责按照最低收购价格挂牌收购农民交售的新粮；当粮食市场价格高于国家公布的最低收购价格时，则不启动或中止最低价格收购行为。

2007—2013 年间水稻、小麦最低收购价持续攀升。例如，粳稻的最低收购价从 2008 年的 75 元/50 公斤上涨到 2014 年的 155 元/50 公斤，涨幅超过 100%；白小麦的最低收购价格也从 2007 年的 72 元/50 公斤上涨到 2014 年的 118 元/50 公斤，涨幅超过 60%。此后水稻、小麦的最低收购价格保持稳定，但 2017 年开始略有回落（见表 6）。

表 6　稻谷、小麦最低收购价格　　　　　单位: 元/50 公斤

	早籼稻	中晚籼稻	粳稻	白小麦	红小麦
2004	70	72	75		
2005	70	72	75		
2006	70	72	75	72	69
2007	70	72	75	72	69
2008	77	79	82	77	72
2009	90	92	95	87	83
2010	93	97	105	90	86
2011	102	107	128	95	93
2012	120	125	140	102	102
2013	132	135	150	112	112
2014	135	138	155	118	118
2015	135	138	155	118	118
2016	133	138	155	118	118
2017	130	136	153	118	118
2018	120	126	130	115	115
2019	120	126	130	112	112
2020	121	127	130	112	112

数据来源: 国家粮食和物质出版局官网、国家发改委官网。

稻谷、小麦最低收购价格的实施，一方面稳定了粮食产量，另一方面则通过对粮食的托底收购，保障了粮食主产区种粮农民的收入。特别是水稻最低收购价格政策的实施。据贾娟琪（2017）的研究，2004年稻谷最低收购价政策实施前，我国稻谷主销区大米批发价仅比主产区高171.6元/吨，但政策实施后主产区大米价格上涨幅度明显高于主销区，并且2011年后主产区大米批发价格高于主销区，至2015年两者差距拉大到359元/吨。显然，最低收购价政策对于保障种粮农民的种粮收入具有重要作用。[1]

（2）玉米、大豆和油菜籽等重要农产品临时收储政策与农产品目标价格政策

2008年为了应对金融危机导致的国际农产品价格大幅下跌的影响，国家开始启动临时收储机制，对玉米、大豆和油菜籽等重要农产品实施临时收储。2014年取消大豆和棉花的临时收储政策，并开始对东北、内蒙古的大豆和新疆的棉花实行目标价格试点。在作物种植之前，依据"成本+基本收入"原则确定本年度补贴的目标价格，当市场价格低于目标价格时，生产者可以获得差价补贴。农产品目标价格政策通过减少价格下跌带来的损失，稳定农民收入并保障了农业生产能力（张晶和王克，2016）。

二、补贴政策

1. 农业四项补贴政策

1.1 种粮农民直接补贴

2004年国家全面放开粮食收购和销售市场。为了保护种粮农民利益，

---

[1] 学术界对稻谷、小麦最低收购价政策是否增加农民人均收入仍有争议。

中央决定建立对农民的直接补贴制度。国家从粮食风险基金中拿出部分资金，用于主产区种粮农民的直接补贴。其他省也对本省粮食主产区的种粮农民实行直接补贴。种粮直接补贴的补贴对象是农民，补贴依据是地方政府结合本地实际情况自主确定的，可以按照计税面积、计税常产、粮食种植面积、出售给国有企业商品林数量、二轮承包地面积进行补贴，补贴品种由各省决定。该政策的实施，实现了粮食补贴由间接补贴向直接补贴的转变，刺激了粮食生产，对于提高农民收入有立竿见影的效果。表3显示，2004年中央对13个粮食主产省安排了103亿元，对16个非主产省安排了13亿元补贴资金。此后几年一路追加补贴额度，到2007年后一直稳定在151亿元（见表7）。

表7　2003—2015年"农业四项"补贴额度　　　　单位：亿元

年份	种粮直补	农作物良种补贴	农资综合直补	农机购置补贴	合计
2004	116	29		1	146
2005	132	39		3	174
2006	142	42	120	6	310
2007	151	56	276	12	495
2008	151	123	716	40	1 030
2009	151	199	795	130	1 275
2010	151	204	716	155	1 226
2011	151	220	860	175	1 406
2012	151	224	1 078	215	1 668
2013	151	226	1 071	218	1 666
2014	151	215	1 078	237	1 681

数据来源：方言等（2017）。

1.2 农资综合直补

农资综合直补是为了弥补柴油、化肥等农资价格上涨对农民种粮造成的不确定性，降低农户生产成本，确保粮农稳定收益。2006 年以柴油配套调价为契机，拨付农资综合补贴金 120 亿元，2007 年补贴金上涨至 276 亿；2008 年为应对农资价格上涨和雪灾，农资综合补贴金上涨至 716 亿，平均每亩补贴 47 元。此后按照"价补统筹，动态调整，只增不减"的原则实行动态调整，2012 年后基本稳定在 1 070 亿—1 080 亿元之间（见表 7）。

1.3 农作物良种补贴

为鼓励和扶持农民选用优良品种及配套栽培技术，降低农民用种成本，增加农民收入，2002 年起中央财政为农作物良种补贴出资，由各地依据本地情况选择适当的补贴计算方法和补贴品种，按确定补贴依据和标准直接补贴到农户。农作物良种补贴对象包括：（1）供种单位，即由其按照合同供种量向农民提供优惠价格良种；（2）农户，即按照实际补贴面积将良种补贴款直接发放到户。该政策的目标是支持农民使用良种，提供良种覆盖率，增加农产品产量。补贴覆盖的农作物有水稻、小麦、玉米、大豆、棉花、油菜、青稞、花生和马铃薯。图 7 显示，农作物良种补贴金额从 2003 年的 3 亿元一路上升到 2013 年的 226 亿元，此后两年略有下降（见表 7）。

1.4 农机购置补贴政策

大规模的农机购置补贴始于 2009 年。受 2008 年全球爆发金融危机影响，国家启动了内需政策。2009 年农机补贴资金由 40 亿元增至 130 亿元，2014 年达到 237 亿元（见表 7）。2008—2019 年中央财政农机购置补贴资金累计已近 2 227 亿元，扶持 3 566 万农户购置农机具 4 527 万台（套）。加上地方层层补贴，发达省区购机补贴比例高达 60% 以上（方言，2019）。

表 8 是对农业四项直接补贴的政策含义、政策目标、分配原则、范围对象、分配方式和兑付方式的比较。其中，粮食直接补贴、农作物两种补贴和农资综合补贴（统称为"农业三项"补贴）的补贴对象是种粮农民，主要政策目标是以保障粮食安全和种粮农民收益为基本目标，补贴方式是通过"一卡通"方式向农户发放或补贴资金直接兑付或售价折扣。这一系列的政策为粮区农民提供收入保障，但却无法使林区农民受益。

表 8　农业四项直接补贴政策的总结与比较

项目	粮食直接补贴	农作物良种补贴	农资综合直补	农机购置补贴
政策含义	国家财政按一定的补贴标准和粮食实际种植面积，对农户直接予以的补贴	对一地区优势区域内种植主要优质粮食作物的农户，根据品种给予一定的资金补贴	政府对农民购买农业生产资料实行的一种直接补贴制度	财政为农民和农业生产经营组织购买国家支持推广的先进适用的农业机械给予的补贴
政策目标	稳定和发展粮食生产，调动农民种粮积极性，保护粮农利益	稳定棉粮种植面积，提高作物产量和品质	弥补农民种粮的农资价格上涨，促进粮食生产和农民增收	提高农业机械化水平和增强综合生产能力
补贴分配原则	粮食直补向产粮大县、产粮大户倾斜	坚持整体推进、品种择优、公开推介、农民自愿	向粮食主产区和粮食增产快、商品粮的地区倾斜	因地制宜，突出重点和兼顾特色
范围对象	大豆、小麦、玉米和水稻是大粮食作物的种粮农民	对生产中使用农作物良种的农民给予补贴	种粮农民	符合条件的农民和直接从事农业生产的农机服务组织
分配方式	按重粮农户的实际种植面积补贴为主，其他补贴方式为辅	采取现金直接补贴或采取折扣补贴的方式	有条件的省份按实际种粮播种面积补贴等方式，是补贴与粮食生产直接挂钩	实行差价购机，总体上继续执行 30% 的补贴比例

项目	粮食直接补贴	农作物良种补贴	农资综合直补	农机购置补贴
兑付方式	实行"一卡通"的方式，向农户发放储蓄卡	补贴资金直接兑付或售价折扣	实行"一卡通"的方式，向农户发放储蓄卡	补贴资金直接支付给相关企业或供货方，农民实行差价购机

表格来源：番绍立，2016，《中国农业补贴政策效应：理论解析、实证检验与政策优化》，第20—21页。

　　农机购置补贴则稍有不同。比较农业部办公厅、财政部办公厅印发的《2011年农业机械购置补贴实施指导意见》和《2018—2020年农机购置补贴实施指导意见》两份文件后发现农机购置补贴对林业覆盖狭窄，仍存在诸多"盲区"。农业部办公厅、财政部办公厅印发的《2011年农业机械购置补贴实施指导意见》涵盖12大类46小类180个品目机具，明确将割灌机、树木修剪机、树木移栽机纳入财政补贴范围。2018年印发的《2018—2020年农机购置补贴实施指导意见》进一步将补贴农机种类扩大到15个大类，包含42个小类137个品目，但已将树木修剪机、割灌机和树木移栽机剔除，仅保留了茶树修剪机。此外，现代林业必备的小型机械，如削片机、高压喷雾器、喷洒器、割杈机、诱捕器、滴灌设备也没有被纳入最新的《全国农机购置补贴机具种类范围》；更不用说诸如对林业生产必备的挖掘机、起苗起重机等大型机械设备。事实上，从目前网上看到的信息，早在2010年，林业从业者就在呼吁将上述林业机械纳入财政补贴范畴。换言之，虽然林农在农机购置补贴政策中获得了部分补贴，但从产业发展的角度而言，目前的农机购置补贴政策还不足以覆盖整个林业生产，特别是现代林业作业方式。

2. 农业支持保护补贴

为了接轨国际农业补贴规则，顺利完成农业发展方式的转变，2015年，经国务院同意，财政部、农业部印发了《关于调整完善农业三项补贴政策的指导意见》在全国范围内从农资综合补贴中调整20%的资金，加上种粮大户补贴试点资金和农业"三项补贴"增量资金，统筹用于支持粮食适度规模经营，重点用于支持建立完善农业信贷担保体系，同时选择部分省开展试点，将农作物良种补贴、种粮农民直接补贴和农资综合补贴合并为农业支持保护补贴，政策目标调整为支持耕地地力保护和粮食适度规模经营。2016年财政部农业部《关于全面推开农业"三项补贴"改革工作的通知》进一步规定了耕地地力补贴和适度经营规模补贴的资金来源、补贴对象和补贴方式（见表9）。

表9 耕地地力补贴和适度经营规模补贴比较

	耕地地力保护补贴	适度规模经营补贴
资金来源	80%的农资综合补贴存量资金、种粮直补资金和农作物良种补贴资金	20%的农资综合补贴存量资金，及其增量资金
补贴对象	原则上为拥有耕地承包权的种地农民	粮食作物的适度规模生产经营者，包括种粮大户、家庭农场、农民合作社、农业社会化服务组织等
补贴依据	可以是二轮承包耕地面积、计税耕地面积、确权耕地面积或粮食种植面积等，具体依据哪一种类型面积或哪几种类型面积，由省级人民政府结合本地实际自定；已作为畜牧养殖场使用的耕地、林地、成片粮田转为设施农业用地、非农业征（占）用耕地等已改变用途的耕地，以及长年抛荒地、占补平衡中"补"的面积和质量达不到耕种条件的耕地等不再给予补贴。符合前提的是一年生草本作物。而多年生及木本植物不符合这项补助前提	各地要坚持因地制宜、简便易行、效率与公平兼顾的原则，进一步优化资源配置，提高农业生产率、土地产出率和资源利用率。鼓励各地创新新型经营主体支持方式，采取贷款贴息、重大技术推广与服务补助等方式支持新型经营主体发展多种形式的粮食适度规模经营，不鼓励对新型经营主体采取现金直补

	耕地地力保护补贴	适度规模经营补贴
补贴方式	将补贴资金一次性存入农户的"一折（卡）通"	（1）重点支持建立完善农业信贷担保体系；推动形成全国县的农业信用担保体系；逐步建成覆盖粮食主产区及主要农业大县的农业信贷担保网络。（2）现金直补：与主要粮食作物的种植面积或技术推广服务面积挂钩。（3）贷款贴息：对粮食适度规模经营主体贷款利息给予适当补助。（4）重大技术推广与服务补助：采取"先服务后补助"、提供物化补助等方式

  耕地地力保护补贴的补贴对象原则上为拥有耕地承包权的农民，并且排除了已作为畜牧养殖场使用的耕地、林地、成片粮田转为设施农业用地、非农业征（占）用耕地等已改变用途的耕地，以及长年抛荒地、占补平衡中"补"的面积和质量达不到耕种条件的耕地等。根据财政部 2016 年《关于全面推开农业"三项补贴"改革工作的通知》，耕地地力补贴的面积计算方式由省级人民政府结合本地实际自定，补贴标准则地方根据补贴资金总量和确定的补贴依据综合测算确定。因此，具体的补贴标准差异较大。例如，湖南省计税面积内种植一季农作物的耕地地力保护补贴标准为每年 105 元/亩，计税面积种植双季稻的耕地地力保护补贴标准为每年 175元/亩（计税面积外种植双季稻的耕地地力保护补贴标准为每年 70 元/亩）。河南省灵宝市 2020 年的补贴标准是每亩耕地每年 112.05 元。2020 年灵宝市 88 113 户农户户均获得耕地地力保护补贴 729 元，其中 25% 的农户获得约 930 元以上的耕地地力保护补贴。部分乡镇由于耕地较多，农户获得的补贴也较多，例如 2020 年，灵宝市下辖的朱阳镇 10 265 户农户户均获

得耕地地力保护补贴 1 152 元，其中 10% 的农户获得的耕地地力补贴达 2 248 元以上。粮食适度规模经营补贴的支持对象重点向种粮大户、家庭农场、农民合作社和农业社会化服务组织等新型经营主体倾斜，体现"谁多种粮食，就优先支持谁"。

2018 年农业支持保护补贴中央资金就高达 1 442.4 亿元，相当于同期国家财政用于林业支出（1 931.3 亿元）的 74.5%。其中 84% 的资金用于耕地地力保护，被直接补贴给农户；剩余的 16% 的资金用于支持适度规模经营，主要补贴给种粮大户、家庭农场、农民合作社、农业社会化服务组织等。农业"四项补贴"和农业支持保护补贴从两个层面影响了农民的收入：（1）2003 年以后国家对粮食生产者进行大量的直接补贴，直接增加了农民的收入。有学者对河北、河南、安徽和湖北的调查结果显示，种粮直补和农资综合补贴人均收入占农民人均纯收入的 4.11%（程国强，2011）。马欣利用较小的调查样本发现种粮直补和农资综合补贴占农民家庭总收入的 2.75%。（2）通过现金直补的方式刺激粮农种粮积极性（谭智心和周振，2014；王欧和杨进，2014），扩大粮食播种面积（许庆、陆钰凤和张恒春，2020）；提高劳动生产率（钱加荣和赵芝俊，2015；李江一，2016），特别是刺激了种粮大户技术效率（张宇青和周应恒，2015）和全要素效率（朱满德等，2015）的提高；从而促进粮农增收。[1] 这些政策有效地增加

---

[1] 不过，有学者对农业补贴的作用存在不同看法。例如黄少安等（2019）认为，补贴通过刺激农民扩大种粮面积从而增加粮食产量的作用只是表现在政策实施初期，这一作用很快递减甚至消失。从近 20 年中国农业农村发展历程来看，该研究结论得到了有力的现实支撑。近 20 年来，中国工业化、城镇化的快速发展带动了劳动、土地、资金等要素的自由流动，出现了农民就业选择多元化、收入结构中非农收入超过家庭经营收入等新特征。这些新特征带来了要素相对价格的变化，一个突出表现是农业生产资料价格持续上涨，导致种粮成本上升与收益偏低并存。尽管政府每年公布的四项补贴总额相当巨（转下页）

了农民收入。[1]其中农业四项补贴和农业支持保护补贴政策以直接补贴的形式发放给种粮农户，对农户尤其是对中西部地区和低收入农户的收入的影响最大（孙晓一、徐勇、段健，2018）。

然而，以价格支持政策和补贴政策为主体的农业支持保护政策，多以耕地为载体，以粮食和其他大宗农业商品种植者为对象。显然，上述农业支持保护补贴政策仍然排除了林农从该项政策受益的可能性，因而完全无法惠及林农，从而拉大了林区农民和粮区农民的收入差距。以"农业四项"补贴为例，表 7 显示"农业四项"补贴总额从 2004 年的 146 亿元，增加到 2007 年的 495 亿元，然后从 2008 年开始补贴总额迅速到 1 030 亿元，此后持续增加至 2014 年的 1 681 亿元。

我们利用县级数据检验"农业四项"补贴和农民人均收入之间的关系。我们假定基于耕地的"农业四项"补贴主要惠及粮区农民而非惠及林区农民。[2]因此，"农业四项"补贴对产粮大县农民收入的影响将明显大于集体林区重点林业县。由于 2015 年后"农业四项"补贴演变成耕地地力补贴和适度规模经营补贴，所以我们只比较 2001—2014 年间粮区和林区农

（接上页）大，但是，分摊到单个农户的数额偏少，补贴不足以弥补农业生产资料价格上涨，因此农户对农业生产的投入不会有太大的改善（钟春平等，2013）。即使不断上调粮食价格补贴水平，也未必能有效调动农户种粮的积极性（程国强，2011）。农业补贴未对粮食生产和农资投入产生积极影响（黄季焜等，2011；Huangetal.，2013）。另外，长期以来，以均田承包为主要特征的家庭联产承包责任制所产生的农地细碎化的经营方式使得农业生产的规模经济效应无法发挥（许庆等，2011）。

[1] 例如鲁礼新、周杉和刘文生，2005；陈薇，2006；顾和军、纪月清，2008；钟甫宁、顾和军、纪月清，2008；陈慧萍等，2010；杨芷晴、孔东民，2020，等。

[2] 我们不排除"农业四项"补贴对林区农民收入的影响，因为首先林区农民也可能获得基于耕地的"农业四项"补贴；其次尽管涉及林业的"农业四项"补贴很少，但诸如农机购置补贴、农作物两者补贴等也毕竟涉及部分林业项目。

以林为生：中国乡村林业的现实与发展研究

民人均收入。具体公式如下:

$$y_{it} = \alpha_0 + \beta_1 grain_i \times year + x'_{it}\beta_2 + \epsilon_{it} \qquad (公式 1)$$

$grain_i$ 是一个虚拟变量,0 表示 i 县不是粮区县,1 表示 i 县属于粮区县。year 表示年份虚拟变量。x_{it} 表示控制变量包括年份固定效应、县固定效应和省级时间趋势。我们首先比较产粮大县和集体林区重点林业县农民人均收入。由于农民人均收入数据部分县部分年份有缺失,所以我们分别建立一个非平衡面板数据,包括 732 个县的 8 423 个数据,和一个平衡面板数据包括 369 个县的 5 166 个数据,并分别对之进行检验。然后,我们分别引入了森林资源丰富县与产粮大县、平原和山区两个维度,并利用平衡面板数据比较粮区和林区农民人均收入的差异,以此作为我们结论的稳定性检验。

表 10 报告了分析结果。首先,常数项是指 2001 年不同定义下粮区和林区间农民人均收入之间的差异。第一列利用非平衡面板数据分析表明 2001 年产粮大县农民人均收入比集体林区重点林业县高 2 711 元(99% 的置信水平下显著)。而第二列利用平衡面板(但涉及较少样本县)的计算结果显示,2001 年产粮大县农民人均收入比集体林区重点林业县高 2 348 元(99% 的置信水平下显著)。第三列与第四列利用平衡面板数据分别比较了产粮大县与森林资源丰富县、平原与山区农民人均收入的差异,都发现粮区的农民人均收入均高于林区(分别为 2 307 元和 2 281 元)。其次,第一列清晰地显示,利用非平衡面板数据分析结果表明,产粮大县与重点林业县农民人均收入的差距从 2007 年开始显著扩大;而第二列利用平衡面板数据发现,产粮大县与集体林区重点林业县农民人均收入差距从 2008 年开始显著扩大。第三和第四列利用平衡面板数据,比较了产粮大县与森林

资源丰富县、平原与山区农民人均收入差距的变化，均发现粮区与林区农民人均收入差距于 2007 年显著扩大。这证明"农业四项"补贴金额的变化与粮区和林区农民收入变化差距高度吻合。

表 10　林区与粮区农民人均收入的比较收入比较

	(1)	(2)	(3)	(4)
	产粮大县 VS 重点林业县	产粮大县 VS 重点林业县	产粮大县 VS 森林资源丰富县	平原 VS 山区
产粮大县（平原）* 2002 年	36.85 (193.7)	32.12 (211.9)	27.38 (142.3)	55.28 (115.3)
产粮大县（平原）* 2003 年	49.79 (194.4)	0.424 (211.9)	0.408 (142.3)	− 13.68 (115.3)
产粮大县（平原）* 2004 年	156.7 (194.4)	102.7 (211.9)	119.4 (142.3)	95.26 (115.3)
产粮大县（平原）* 2005 年	220.2 (194.8)	161.1 (211.9)	168.1 (142.3)	152.7 (115.3)
产粮大县（平原）* 2006 年	255.5 (196.0)	183.3 (211.9)	184.6 (142.3)	185.6 (115.3)
产粮大县（平原）* 2007 年	351.2* (191.6)	268.1 (211.9)	354.6** (142.3)	327.5*** (115.3)
产粮大县（平原）* 2008 年	493.8** (193.6)	353.1* (211.9)	352.3** (142.3)	396.5*** (115.3)
产粮大县（平原）* 2009 年	495.8*** (190.1)	435.3** (211.9)	464.5*** (142.3)	499.6*** (115.3)
产粮大县（平原）* 2010 年	676.9*** (182.0)	576.2*** (211.9)	655.4*** (142.3)	715.3*** (115.3)
产粮大县（平原）* 2011 年	903.3*** (183.3)	810.7*** (211.9)	859.7*** (142.3)	996.1*** (115.3)
产粮大县（平原）* 2012 年	1 042*** (181.5)	977.8*** (211.9)	1 115*** (142.3)	1 240*** (115.3)

	(1)	(2)	(3)	(4)
	产粮大县 VS 重点林业县	产粮大县 VS 重点林业县	产粮大县 VS 森林资源丰富县	平原 VS 山区
产粮大县（平原）* 2013 年	1 138*** (181.5)	1 092*** (211.9)	1 331*** (142.3)	1 408*** (115.3)
产粮大县（平原）* 2014 年	1 323*** (181.6)	1 299*** (211.9)	1 369*** (142.3)	1 565*** (115.3)
常数项	2 711*** (54.14)	2 348*** (37.95)	2 307*** (31.69)	2 281*** (27.39)
样本量	8 423	5 166	7 014	9 380
R-squared	0.932	0.937	0.937	0.933
县数	732	369	501	670

括号中为标准误。*** $p < 0.01$，** $p < 0.05$，* $p < 0.1$
注：本表控制了年份固定效应、县固定效应及省时间趋势；未报告常数。

第三节　生态建设要求压缩林农就业增收空间

一、公益林建设实际制约着林农的就业与增收

以生态效益为主导目标的林业政策，使我国的生态公益林面积近年来显著增长，并且对森林资源实行严格的管控，这无疑会对林区农民的就业和收入产生重要影响。首先，在现行法律框架下，公益林和商品林的经营原则有根本性的差异。2019 年新修订的《森林法》明确了公益林和商品林的分类管理，对公益林的保护和开发提出了明确的规定：县级以上人民政府林业主管部门应当有计划地组织公益林经营者对公益林中生态功能低下的疏林、残次林等低质低效林，采取林分改造、森林抚育等措施，提高公

益林的质量和生态保护功能；但公益林只能进行抚育、更新和低质低效林改造性质的采伐。只有在符合公益林生态区位保护要求和不影响公益林生态功能的前提下，经科学论证，可以合理利用公益林林地资源和森林景观资源，适度开展林下经济、森林旅游等。这意味着公益林的主要收益形式是生态补偿，仅有少数公益林可能通过林下经济、森林旅游获得收益。而商品林则由林业经营主体依法自主经营，在不破坏生态的前提下，采取集约化经营措施。相比之下，商品林可以通过依法自主经营获得收益空间。其次，在森林资产价值评估中，林种的划分、政策因素成为价值评估的重要考虑因素（李珍，2013）。因此，将商品林划归为公益林，改变了集体林地使用性质，从而改变了适用法律与政策，从而导致林地价值贬值。在生态公益林补偿水平不能完全弥补因集体林地使用性质变化而导致林地贬值带来的损失的情况下，这部分损失仍将由农民承担。

此外，生态建设至少通过两个途径影响林区农民的收入。首先，由于收益途径少，弱化了林农投资公益林的动机。因此，生态公益林面积的增长将压缩林农就业的空间，从而降低林农收入。公益林建设降低了农户投入的意愿（曹兰芳等，2017），导致了农户劳动力转移（唐鸣和汤勇，2012；程宝栋等，2021），造成了林农实际经济损失，公益林的生态等级越高，林农的实际损失就越大（李洁等，2017），因此生态公益林建设至少将显著降低林农的林业收入（姜霞等，2010；张晖等，2016）。[1]

---

[1] 值得注意的是，唐鸣和汤勇（2012）、程宝栋等（2021）的两项研究通过对浙江林区农民的研究发现生态公益林建设促使林区农民将劳动力转移至非农领域。这两项研究的结论可能只适用于发达地区。陈钦等（2018）基于福建省490个家庭样本分析发现，福建省生态公益林保护使样本农户户均林业收入下降了 8 700 元，但作者没有交代数据来源和样本分布情况。

其次，森林采伐限额和天然林商业性禁伐等采伐政策会直接导致林区难以将森林资源转变成林业收入，从而抑制了农民收入。通过伐木获得现金收入是林业的基本收入，但以森林采伐限额和天然林商业性禁伐等限伐政策导致林农难以及时通过伐木获得收入。有实证研究发现，政府采伐管制强度对林农采伐收入具有显著负向影响（何文剑、徐静文和张红霄，2016）。

1. 生态公益林的增长压缩了经济林的面积，压缩了林农的就业空间和收入增长

经历了 1998 年长江洪水后，我国林业政策越来越关注生态效益，并先后启动或加速了天然林资源保护工程、退耕还林工程、京津风沙治理工程、三北及长江流域等重点防护林体系工程等一系列重点生态工程。表 11 显示 1996—2018 年全国林业重点生态工程完成造林面积。1996—2018 年全国林业重点生态工程共计完成造林面积达 7 800 万公顷，约合 11.7 亿亩，其中完成退耕还林工程 2 855 万公顷（约 4.3 亿亩），这其中又有约 1 090 万公顷（约 1.6 亿亩）是由耕地还林。

表 11　全国历年林业重点生态工程完成造林面积　单位: 万公顷

| 年　份 | 合计 | 天然林资源保护工程 | 退耕还林工程 | | 京津风沙源治理工程 | 三北及长江流域等重点防护林体系工程 |
			小计	其中退耕地造林		
1996	248.17				16.5	231.67
1997	244.94				21.6	223.35
1998	271.8	29.04			23.16	219.6
1999	316.95	47.76	44.79	38.15	21.16	203.25
2000	309.9	42.64	68.36	32.84	28.03	170.88

| 年 份 | 合计 | 天然林资源保护工程 | 退耕还林工程 | | 京津风沙源治理工程 | 三北及长江流域等重点防护林体系工程 |
			小计	其中退耕地造林		
2001	307.13	94.81	87.1	38.61	21.73	103.49
2002	673.17	85.61	442.36	203.98	67.64	77.56
2003	824.24	68.83	619.61	308.59	82.44	53.35
2004	478.06	64.15	321.75	82.49	47.33	44.83
2005	309.96	42.48	189.84	66.74	40.82	36.82
2006	280.17	77.48	105.05	21.85	40.95	56.68
2007	267.83	73.29	105.6	5.95	31.51	57.42
2008	343.35	100.9	118.97	0.22	46.9	76.58
2009	457.55	136.09	88.67	0.07	43.48	189.31
2010	366.79	88.55	98.26	0.03	43.91	136.06
2011	309.3	55.36	73.02	0.01	54.52	126.4
2012	275.39	48.52	65.53		54.17	107.18
2013	256.9	46.03	62.89		62.61	85.36
2014	192.69	41.05	37.86	0.01	23.91	89.87
2015	284.05	64.48	63.6	44.63	22.33	133.64
2016	250.55	48.73	68.33	55.85	23	110.5
2017	299.12	39.03	121.33	121.33	20.72	94.79
2018	244.31	40.06	72.35	71.98	17.78	89.39
合计	7 812.32	1 334.89	2 855.27	1 093.33	856.2	2 717.98

数据来源：《国家林业和草原统计年鉴（2018）》。

　　大规模生态建设导致我国森林结构出现了明显的变化。在第六次（1999—2003）和第九次（2014—2018）森林清查期间，全国集体公益林面积增加了 2 900 万余公顷，而商品林面积仅增加了 596.1 万公顷，其中薪炭

单位:万公顷

表 12　两次森林资源清查森林结构比较

类别		第九次森林资源清查(2014—2018)				第六次森林资源清查(1999—2003)				两次森林资源清查变化		
		国有林面积	集体林面积	总面积	百分比	国有林面积	集体林面积	总面积	百分比	国有林面积	集体林面积	总面积
公益林	防护林	4 836.53	5 246.39	10 082.92	46.20%	2 821.51	2 741.69	5 563.2	32.91%	2 015.02	2 504.7	4 519.72
	特用林	1 756.15	524.25	2 280.4	10.45%	527.71	124.14	651.85	3.86%	1 228.44	400.11	1 628.55
商品林	用材林	1 699.41	5 542.94	7 242.35	33.19%	3 522.94	4 721.5	8 244.44	48.78%	−1 823.53	821.44	−1 002.09
	薪炭林	2.4	120.74	123.14	0.56%	35.17	268.27	303.44	1.80%	−32.77	−147.53	−180.3
	经济林	142.12	1 952.12	2 094.24	9.60%	109.06	2 029.94	2 139	12.66%	33.06	−77.82	−44.76
合计		8 436.61	13 386.44	21 823.05	100.00%	7 016.39	9 885.54	16 901.93	100.00%	1 420.22	3 500.9	4 921.12

数据来源:《全国森林资源统计:1999—2003》、《中国森林资源报告(2014—2018)》。

林和经济林面积甚至分别下降了 147.5 万公顷和 77.8 万公顷。商品林面积占集体林总面积的比例从 71% 下降至 56.9%。公益林的比例从第六次森林资源清查时期的 36.77% 增长至第九次森林资源清查时期的 56.65%。这一指标远高于《森林法实施条例》规定的公益林比例不得少于本行政区域森林总面积的 30% 这一底线。

公益林的增长会抑制林农对林业的劳动和资本投入，从而压缩林农的就业空间和收入增长。由于法律和政策对公益林实行严格的管制，生态公益林对林农的就业增收的价值远低于商品林。因此大规模的生态建设压缩了经济林的面积，影响了林区农户劳动力的配置，从而压缩了林农的就业空间和收入增长。目前对生态建设与林区农户劳动力配置的研究并不充分。唐鸣和汤勇（2012）、程宝栋等（2021）的研究都发现，生态公益林的扩张与浙江林区农户劳动力转移之间存在密切联系。姜霞等（2010）对浙江林区的研究发现，生态公益林建设不影响林农的非农就业收入和总收入，但确实降低了林业收入。这些研究可能意味着即便在浙江这样的发达地区，生态公益林的扩张使农户不得不对家庭劳动力进行重新配置，但很可能许多劳动力无法及时向非农领域转移，因而没能导致家庭总收入的增长（而由于林业占家庭总收入的比重较低，因此也没有导致家庭总收入的下降），但目前对欠发达地区的相关研究很少。曹兰芳和曾玉林（2020）发现，林木采伐管制对湖南商品林农户林业管护行为没有产生消极影响，但对公益林农户林业管护行为有显著消息影响。这表明，林农降低了对公益林的劳动力等要素投入。实际上，生态公益林的扩张，不但在发达地区对林农造成了实质性的损失（李洁等，2017），对欠发达地区农民林业收入也造成了消极影响（张晖，2016）。

2. 生态公益林补偿标准过低，限制了林农通过生态补偿机制增加收入的可能

既然农民难以通过经营公益林获得合理的收益，那么农民是否可以通过森林生态效益补偿获得合理的补偿呢？

1992 年国务院《关于 1992 年经济体制改革要点的通知》首次提出"森林生态效益补偿制度"；1996 年林业部向财政部提出森林生态效益收费方案，要求在全国范围内按"谁收益谁负担"的原则征收生态效益补偿费，并建立补偿基金，但该方案最终被搁置。1998 年《森林法》修正案首次以法律形式规定了"国家建立森林生态效益补偿基金"。2001 年，财政部出台了《森林生态效益补助资金试点工作的意见》，开始在江西实施生态效益补助试点。2004 年，财政部、国家林业局出台了《中央森林生态效益补偿基金管理办法》，并于 2009 年和 2013 年对此办法进行完善，提高了补偿标准，扩大了补偿面积。2007 年《中央财政森林生态效益补偿基金管理办法》的制定和实施标志着我国开始进入有偿使用森林生态效益的阶段。2019 年新修订的《森林法》规定公益林只能进行抚育、更新和低质低效林改造性质的采伐，并且国家要建立森林生态效益补偿制度，加大公益林保护支持力度，完善重点生态功能区转移支付政策，指导受益地区和森林生态保护地区人民政府通过协商等方式进行生态效益补偿。这事实上意味着生态效益补偿是公益林最主要的收益形式。

按现行标准，集体和个人所有的国家级公益林补偿标准提高到每亩 16 元。地方公益林补偿标准由各级政府按照自身的情况确定，各省情况略有差异。例如，浙江省对省级以上生态公益林的补偿标准 2020 年已提高到每亩 33 元（主要干流和重要支流源头县及国家级和省级自然保护区等重要区

域省级以上公益林补偿标准每亩达到 40 元）。同时按照"两年调整一次，一次增加 2 元"的稳定增长机制，对 2014 年以后的省级以上生态公益林逐步提高补偿标准。湖北省长阳县官方网站公布的数据显示，湖北省级公益林补偿标准是每亩 10 元/年，其中补偿给管护单位或个人每亩 7.75 元/年，管护费 2.25 元/年，仅为浙江省当年地方公益林补偿标准的 40%。广西的集体生态公益林补偿标准与国家标准保持一致，为 15 元/亩。生态效益补偿标准低是我国生态补偿制度在执行中的突出问题。首先，生态公益林的补偿标准远低于经营商品林的年收益。在广西营造桉树、杉木等速生商品林的年平均收益为 300—500 元/亩，是公益林补偿的 20 倍以上，即使按浙江的标准计算，是公益林补偿的 10—16 倍。生态公益林的补偿标准远低于商品林的收益，现有补偿标准无法弥补林农的实际损失。国内许多学者依据营林投入、经济损失、机会成本等诸多因素，采用不同的方法对公益林补偿标准进行测算，虽然测算结果各异，但不同学者测得的补偿标准均高于现行补偿标准（例如，盛文萍等，2019；赵衍宇，2018）。其次，即便不考虑造林经营收益，广西商品林仅地租收益也远高于公益林补偿金，目前广西大部分林地年租金在每亩 60 元上下，自然条件好的地方已超过每亩 100 元，其收益远超浙江的补偿标准（陈秀庭，2019）。按照国家林业和草原局公布的数据，南方部分地区林地租金已达到每亩 30—50 元，是广西生态公益林补偿标准的 2—3 倍。

较低的生态补偿标准不仅降低了公益林农户投入意愿，更导致公益林的贬值。生态公益林缺乏除生态补偿之外的其他收益途径，因此生态补偿标准将在很大程度上影响公益林的价值。在森林资产价值评估中，林种的划分已经成为森林价值评估的重要参考依据（李珍，2013）。公益林和商品林的价值区别在抵押贷款中得到明显的体现。2013 年中国银监会、国家林业局引发的《关于林权抵押贷款的实施意见》指出"银行业金融机构不应接受无法处置变现的林权作为抵押财产，包括水源涵养林、水土保持林、防风固沙林、农田和牧场防护林、护岸林、护路林等防护林所有权、使用权及相应的林地使用权，以及国防林、实验林、母树林、环境保护林、风景林，名胜古迹和革命纪念地的林木，自然保护区的森林等特种用途林所有权、使用权及相应的林地使用权"。根据现行的《森林法》第五十五条规定"公益林只能进行抚育、更新和低质低效林改造性质的采伐。"因此，目前公益林进行补偿收益权质押贷款。而商品林可以进行林权抵押贷款。

显然，过低的公益林生态效益补偿标准无法弥补商品林收益的缺失，缺乏价值变现机制则导致生态公益林贬值。这些因素无疑会对林农收入有负面影响。

二、森林采伐限额和天然林商业性禁伐等森林采伐政策直接导致林农收入下降

据第九次森林资源清查结果，我国集体林中用材林面积为 5 542.94 万公顷，占集体林总面积的 41.4%，占集体商品林面积的 72.8%。严格的森林采伐限额政策制约用材林对林农就业增收的价值。我们在广西和云南的实地调查发现，森林采伐限额政策的实施中存在"一刀切"现象，导致许多集体林地无法及时采伐，因而影响林农收入，损害林业投资积极性。使用覆盖 1 015 个县的 2015—2018 年完整面板数据构建模型，我们发现天然林商业性禁伐直接导致森林资源大县的农民人均可支配收入下降近 300

元; 在天然林经济效益更好的南方地区, 该禁伐政策效应更是达到约 378 元。近年来的许多实证研究也得到了与我们类似的结论 (中国林科院科信所集体和个人天然林保护财政政策研究课题组, 2018; 詹黎锋等, 2010; 刘璨等, 2019)。

自 1998 年洪灾后, 我国林业政策出现明显转向, 从经济效益为主生态效益为辅的林业政策转向了以生态效益为主的林业政策。此后 20 多年间, 政府出台了诸多举措加强生态建设, 例如退耕还林政策、森林采伐限额政策、天然林商业性禁伐等诸多政策。这些政策一方面确保全国范围内生态环境的改善, 但另一方面却压缩了林农就业增收的空间, 从而造成林农收入增长缓慢。接下来, 我们以退耕还林政策和天然林商业性禁伐政策为例, 探讨两项政策在多大程度上影响了林农收入。

1. 天然林商业性禁伐

森林具有的公共品属性, 决定了林业生产过程中, 林农无法像粮农一样具有完全的自主性。许多林业政策 (特别是基于环境、生态等因素而限制林农生产自主性的政策) 都可能影响林农收入的增长。其中, 比较明显的例证是森林采伐限额政策。由于我们没有具体的各县森林采伐限额, 所以无法对此做详细的分析, 但 2017 年全国实施天然林商业性停伐政策, 为我们研究其对农户收入的影响提供了契机。

根据第八次全国森林资源清查, 集体林天然林面积 8.70 亿亩。其中, 5.18 亿亩已被划入公益林, 3.52 亿亩为商品林。在 3.52 亿亩集体林商品林中, 扣除竹林、灌木林、疏林外, 乔木林蓄积量约 15 亿立方米。从家庭收入影响来看。目前我国有 1.5 亿农户家庭承包林地经营, 林业收入占家庭总收入的比例约为 14.48%, 其中来自用材林和竹林的收入约占 4%。因此，整体上因停伐农户家庭收入下降幅度不会超过 4%。但是，仍有14.56% 的农户家庭用材林和竹林收入占家庭总收入的比重超过 50%，停伐将影响这部分农户的生计。从地区来看，南方地区水热条件好、土壤肥沃、林木生长快、经营林业经济效益好，农民每年经营林业收入远超每亩15 元的生态公益林补贴，停止天然林商业性采伐对集体和个人所有者（或经营者）收入的影响较大（中国林科院科信所集体和个人天然林保护财政政策研究课题组，2018）。此前，有许多研究表明森林采伐限额政策增加了农户营林成本（杨萍等，2013），影响林农生产的积极性（Xie et al, 2013），从而影响林农对林业的投入（詹黎锋等，2010; Qin 和 Xu，2013）和林农收入的增长。部分个案研究发现，全面禁止天然林商业性采伐后，对南方地区林农和新型林业经营主体的收入产生了较大的影响（刘璨等，2019）。但目前还没有研究涉及天然林商业性停伐政策是否扩大了林农与粮农之间的收入差距。为此，我们建构了一套 2015—2018 年的县级面板数据，检验全面禁止天然林商业性采伐对林区农民收入的影响。选择 2015 年作为分析的起点，是因为 2015 年我国实行耕地地力保护补贴政策，这与"农业四项"不同有较大差异，为了避免这项政策对粮农的种粮投入和种粮收入产生的影响对我们结果的干扰，我们排除了 2015 年前的样本。我们使用的回归方程如下：

$$y_{it} = \alpha_0 + \beta_1 forestry_i \times post_t + x'_{it}\beta_2 + \epsilon_{it} \qquad （公式 2）$$

这里 $forestry_i$ 是指 i 县是否属于林区。$post_t$ 是个虚拟变量，0 表示天然林商业性停伐未实施，1 表示天然林商业性停伐全面实施。β_1 表示天然林商业性停伐对林区农民可支配性收入产生的影响。如果这项政策对农民收入产生负面影响，则β $_1$ 应显著为负。这个模型的基本假设是天然林商业性停伐主要对林区的农民可支配收入产生负面影响，而对粮区农民可支配收入没有影响。模型中，我们进一步控制了年份固定效应和省时间趋势影响。我们仍然分别比较了产粮大县与集体林区重点林业县、产粮大县与森林资源丰富县、平原县与山区县农民人均可支配收入之间的变化。

表 13 报告了估计结果。第一和第二列比较了产粮大县与集体林区重点林业县之间的农民收入变化，其中第一列利用非平衡面板数据估计，第二列利用平衡面板估计。结果显示，全面停止天然林商业性采伐后，林区农民收入下降约 174—176 元，并且在 99% 的置信水平下显著。第三和第四列利用产粮大县和森林资源丰富县、平原县和山区县样本的平衡面板数据进行稳健性检验，发现全面停止天然林商业性采伐分别导致林区农民收入下降约 296 元和 467 元，并且在 99% 的置信水平下显著。

表 13 全面禁止天然林商业性采伐对林区农民收入的影响

变 量	(1) 产粮大县 VS 重点林业县	(2) 产粮大县 VS 重点林业县	(3) 产粮大县 VS 森林资源丰富县	(4) 平原 VS 山区
产粮大县（平原）* 停伐后	− 176.3*** (67.14)	− 174.1*** (59.69)	− 296.4*** (36.86)	− 466.7*** (32.32)
停伐后	2 797*** (143.4)	2 796*** (126.0)	2 912*** (82.39)	3 178*** (66.84)
样本量	2 750	2 532	3 572	4 784
R-squared	0.916	0.936	0.934	0.917
县数	721	633	893	1 196

括号中为标准误。*** p< 0.01，** p< 0.05，* p< 0.1。
注：本表控制年份固定效应、县固定效应、省时间趋势；未报告常数项。

以林为生：中国乡村林业的现实与发展研究

2. 退耕还林

1999 年，四川、陕西、甘肃 3 省率先开展了退耕还林试点，由此揭开了我国退耕还林的序幕。2002 年 1 月 10 日，国务院西部开发办公室召开退耕还林工作电视电话会议，确定全面启动退耕还林工程。同年 4 月 11 日，国务院发出《关于进一步完善退耕还林政策措施的若干意见》。从 1999 年到 2019 年，退耕还林还草工程涉及全国 25 个省区和新疆生产建设兵团的 2 435 个县（含县级单位）。20 年来，中央财政累计投入 5 174 亿元，实施退耕还林还草 5.15 亿亩，完成造林面积占同期全国林业重点生态工程造林总面积的 40.5%。

虽然退耕还林已实施 20 年，但是有关退耕还林对农民收入的影响研究目前还不系统，观点也不统一。有学者认为，退耕还林通过退耕补贴和劳动力转移增加了农户收入。刘东生等（2011）利用退耕还林监测数据发现退耕还林增加了农民收入，对低收入农户减贫效果明显，退耕农户生活整体得到改善，特别是退耕补助成为农户收入重要组成部分，对贫困农户的收入贡献更大。1998—2009 年退耕补助占调查农户家庭收入的平均比重为：东部 16.82%、华中 12.95%、西北 19.11%、西南 12.63%、少数民族地区 17.53、退耕重点县 16.36%。朱长宁和王树进（2015）研究发现，退耕地区退耕农户比非退耕农户的收入增长更快。段伟等（2018）根据甘肃、宁夏、云南和广西等地区的农户调查数据分析发现，退耕还林使参与农户的人均纯收入提高了约 10%。吴乐等（2018）发现退耕还林现金补偿有助于提高中高收入家庭的收入水平，而公益岗位型生态补偿项目对极端贫困农户的增收有益。但也有学者研究发现，尽管退耕还林有助于农户提高收入，但总体效果并没有那么大。与没有参与退耕的农户相比，退耕还林工程对参与家庭的农业收入影响显著，并且对家庭总收入也产生了积极影响，尽管这种影响较弱（Uchidaetal.，2007）。黎洁和李树苗（2010）对周至县南部山区研究发现，退耕还林对农户家庭纯收入有显著正向影响，尤其是对于中低收入农户。刘璨和张巍（2006）对京津冀风沙源治理工程的研究表明，退耕补贴对提高农户收入有显著作用，但其长期影响仍无法确定。

但也有学者认为，退耕还林并未导致农户收入的增长。韩秀华（2015）研究发现，退耕还林工程并未对农户的收入产生显著影响。易福金等（2006）利用 2003 年和 2005 年的跟踪调查数据对陕西、甘肃和四川三省的退耕还林工程影响进行评估发现，退耕还林对就业结构、产业结构和农民收入增长均没有显著影响。从对农户收入结构的影响来看，退耕还林对农户的农业收入产生显著负向作用，而对非农劳动收入具有正向影响，但总体来看前者的负向作用大于后者的正向作用，因此退耕还林总体上对农户收入表现为负向作用（宋元媛等，2013）。谢旭轩等（2011）对贵州毕节地区的研究发现，退耕还林没有对农户总收入造成显著影响；由于种植业收入显著减少（每户年均减少 2 000 元）退耕还林补助不能完全弥补农户种植业损失；且政策没有实现农户劳动力解放所带来的收入结构转移。王庶和岳希明（2017）利用 2006—2010 年间国家统计局贫困监测调查数据，研究发现退耕还林后，包括退耕还林补贴在内的农民收入与退耕还林前相比有所增长，但如果不计退耕还林补贴，农户退耕后非农收入的增长刚好弥补因耕地减少而导致的收入损失，增收效果暂不明显；从整体来看，退耕还林补贴主要集中于低收入农户，因此明显降低了农村居民收入的不平等程度；再次，在退耕后农户的就业取向上，不同收入群体之间存在显著差异，高收入农户倾向于从事林牧渔业经营活动，而中等收入农户倾向于外出务工，差异的产生与人群组间的内在特征有关；此外，工程暂且无法吸引退耕村非退耕户从事非农就业，带动效应不显著。段伟等（2018）对甘肃、云南和广西的 16 个县的研究表明，退耕还林通过提高林业和非农收入，补偿了种植业带来的损失，并使农户的收入实现了增长。张炜等（2019）通过 CHIP（2013）数据研究发现，退耕还林政策降低了参与农户的家庭纯收入。卢悦和田相辉（2019）利用 CFPS 数据发现，退耕还林政策对农户的财政性收入存在正向影响，但总体增收效果不明显，甚至存在负效应，而非农就业能有效提高各自类型收入进而提高其总收入。

但学界对退耕还林对农户经济收入影响的途径的认识基本一致：（1）退耕还林补贴；（2）通过释放流动性约束和加速劳动力转移。有研究表明，通过释放流动性约束和加速劳动力转移，对增加家庭其他收入来源有显著正影响；并且剩余劳动力转移已经成为增加退耕农户家庭收入的最重要途径（李卫忠等，2007；丁屹红和姚顺波，2017；蓝菁等，2017）。

值得注意的是，上述充满矛盾的结论可能是由以下因素导致的：（1）样本问题。许多研究基于区域性样本得出各自的结论。区域之间资源禀赋和经济条件的差异，可能导致政策有不同的效果；现有研究也缺少政策对农民收益影响的区域性差异的关注。但至少在某些地区，退耕还林可能导致农户收入的下降。（2）许多研究注意到退耕还林补助对农户收入的影响，但未考虑到未来补助政策到期后对农户收入的影响。据 2020 年财政部、国家林业和草原局制定的《林业草原生态保护恢复资金管理办法》（财资环〔2020〕22 号），原有退耕地，长江流域及南方每亩每年补助 125 元，黄河流域及北方地区每亩每年补助 90 元；还生态林补助期限为 8 年，还经济林补助期限为 5 年。新一轮退耕还林补助不再区别南北方，实行统一标准为每亩退耕地补助 1 200 元，五年内分三次下达，第一年 500 元，第三年 300 元，第五年 400 元。从 1999 年开始退耕还林政策，到目前已经 21 年，这意味着许多农户的退耕还林补助已经到期，所以未来的研究应关注补助到期后农户收入的变化及其长期影响。此外，退耕还林政策将退耕地的土地性质从农地变更为林地，目前对农地和林地补偿标准的差异，事实上造成了农户潜在收入的损失。(3) 未能考虑到新造林成林后，对农户收入的影响。虽然有些研究涉及退耕还林增加了农户的林业收入，但目前证据并不系统。未来研究应当关注退耕成林后对农户收入的补偿效应。总体而言，由于林业投入周期长、产出少，投资回报率整体上小于农业，因此一旦退耕还林补助到期，必然会对林农收入造成影响。对其影响幅度的研究有赖于更精准的调查数据。

第四节　林区经济基础薄弱与林业特质导致林农收入增长缓慢

政策性因素固然是林区和粮区农民人均收入差距扩大的重要因素，但不是唯一因素。林区虽然森林资源丰富，但林区的经济基础普遍较差。大多数林区地处偏僻的山区，交通不便，基础设施相对落后，远离大城市因而与市场距离远，经济落后，产业基础差。这些客观因素导致林区与集中连片贫困区高度耦合。

而林业本身的特点亦是导致林区农民收入增长较慢的因素。林木生长周期长，因此林业投入周期长，收益不确定性强，弱化了林区农民投资林业的积极性，林区农民风险承受能力弱，因而弱化了其对高投入高产出产业的投资意愿。林地碎片化增加了劳动成本和林权流转的成本，从而进一步阻碍了技术创新。林业的保障功能和林业兼业化进一步削弱了农民林区流转的意愿。这些因素导致社会资本难以进入林业推动林业产业的发展，最终影响林区农民收入的增长。

一、林区与集中连片贫困区高度耦合，由此带来诸多问题

1. 林区山区贫困人口多、贫困程度深。山区林区的贫困问题是世界性难题。虽然林区拥有丰富的森林资源，但在绝大多数国家，这些资源都没能转化成百姓的财富。在发展中国家，这种情况尤为盛行。冯箐（2007）利用第五次森林资源清查统计的森林覆盖率数据和 1999 年人均 GDP 数据进行比照发现，高达 85.87% 的森林资源丰富县的人均 GDP 低于全国平均水平。山西、江西、河南、海南、贵州、陕西、宁夏和甘肃的所有森林资源丰富县和安徽、湖北、湖南、广西和云南超过 90% 的森林资源丰富县的人均 GDP 低于全国平均水平。"八七"扶贫计划共确定 592 个国家重点扶持贫困县，其中 191 个属于森林资源丰富县，占森林资源丰富县总数（637个）的近 30%。据统计，全国 60% 的贫困人口、11 个集中连片特困地区、592 个国家重点扶持贫困县中的 496 个县，都集中分布在山区，而这些县有85% 的储备土地适合林业开发。

2. 林区山区经济发展水平低、产业基础薄弱制约着产业发展和农民收入的增长。首先，林区山区产业以第一产业为主，科技含量不高，缺乏配套设施，产业价值链短。产销、仓储、物流、配送等一系列配套服务的缺

乏制约着林农专业化、规模化和集约化生产；缺乏对林产品深加工能力，产业链短，难以形成区域性产业优势。其次，林区基础条件差，交通运输成本高，导致林区山区产品成本高企，难以形成价格优势。这不仅表现在从林区到销售地的运输成本，还包括生产过程中的运输成本。近年来国家对林区山区投入了大量（包括道路在内的）基础设施建设，极大地便利了林产品生产和销售，但林区生产用道路建设不足，导致林业生产"最后一公里"问题突出，从而增加了林农生产成本，也降低了林农投资林业的意愿。我们在云南实地调研发现，由于林木"最后一公里"运输成本高企，极端地区林木从林地运往销售市场的成本（人工费和运输费）可能超过了原木价格，导致部分林农放弃经营林地。[1] 再次，林区山区多数属于偏远地区，远离中心城市，难以有效吸引人才，进一步阻碍了林区获得林业科技服务，也限制了林区山区的创新能力；从次，林区山区地方政府财政自给能力弱，难以对林区山区展开有效开发。最后，林区山区人口居住分散，增加了公共品供给成本，也削弱了产业集聚的可能。

---

[1] 与林区不同，2013 年国务院批复了国家发展改革委会同有关部门编制的《全国高标准农田建设总体规划》，提出到 2020 年建成集中连片、旱涝保收的高标准农田 8 亿亩。2017 年国家发展改革委、财政部、国土资源部、水利部、农业部、中国人民银行和国家标准委等 7 部门联合印发了《关于扎实推进高标准农田建设的意见》明确了到 2020 年确保建成 8 亿亩、力争建成 10 亿亩高标准农田的任务。2019 年国务院办公厅印发《关于切实加强高标准农田建设提升国家粮食安全保障能力的意见》，提出到 2020 年，全国建成 8 亿亩集中连片、旱涝保收、节水高效、稳产高产、生态良好的高标准农田；到 2022 年，建成 10 亿亩高标准农田；到 2035 年，通过持续改造提升，全国高标准农田保有量进一步提高。按照 2013 年初步估算，高标准农田建设每亩所需投资为 1 000—2 000 元。完成 10 亿亩高标准农田建设所需资金在 1 万亿—2 万亿左右。高标准农田建设改善了粮区基础设施建设，有助于农民增产增收。估计建成的高标准农田灌溉水有效利用系数可提高约 10% 以上，肥料利用率约提高 10%，粮食亩产将提高 100 公斤左右。然而，该政策未能改善林区基础设施从而惠及林业和林农。

以林为生：中国乡村林业的现实与发展研究

二、林业的特质是抑制林区农民收入增长的重要因素

1. 林业投资周期长，收益不确定性强，弱化了林农投资林业的积极性。与农业相比，林业投入周期长，即便速生林的生长周期也需要 5—8 年。这期间还需承受自然灾害、病虫、火灾等各种不确定风险。较长的林木生长期，一方面意味着投入无法获得即时回报，这会显著抑制低收入的农户的投资意愿；另一方面意味着林农需要承受更多的风险和投资收益不确定性，但大部分林农的风险承受能力较弱。因此许多林农不愿意对林业进行长周期、密集的投入，转而选择投入较少，但投资回报率较低的作物。在实地调查中，有些林农在解释"为何他们不愿投资高投入高回报的林业产业，而倾向于种植速生桉"时，形象地将种植速生桉比喻为"存银行"，意思是种植速生桉投入少、收入低，但收益稳定，像把钱存银行拿利息。

2. 林产品价格低是制约林农收入增长的重要因素。图 10 展示了以 2003 年为基准，至 2018 年以来各类农产品生产者价格指数。农产品生产者价格指数是农产品生产者出售农产品价格水平变动趋势及幅度的相对数。该图清晰地显示，首先，2003 年以来农产品生产者价格指数一直高于林产品生产者价格指数，这表明自 2003 年以来农产品价格上升幅度高于林产品价格上升幅度；其次，林产品价格从 2003—2011 年经历持续上涨后，此后价格呈走低趋势，而农产品 2003—2014 年价格持续上涨，此后略有回落但总体保持稳定。由于 2011 年后林产品价格持续走低，农产品和林产品生产价格开始出现分化。以木材价格为例，2010 年全国木材销售实际平均销售价格为 699 元/立方米，尽管 2014 年曾涨至 822 元/立方米的最高点，但此后一路下行，至 2018 年下降到 739 元/立方米。这个价格低于 2011 年的 748 元/立方米。

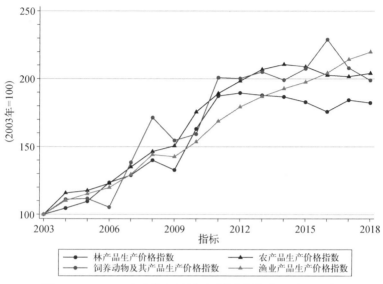

图 10　2003—2018 年各类农产品生产者价格指数（2003 年= 100）

数据来源：《中国统计年鉴》。

　　价格波动是市场供求关系变化的结果。图 11 显示，2010 年以后我国国内原木生产量总体保持平稳，但原木进口量保持较快的增长。原木消费对外依存度指标是进口的原木数量占我国原木消费总量的比重。对外依存度越高，表明消费的原木总量中进口原木比例越高，反之则反。我们依据如下公式计算了原木消费对外依存度：

　　对外依存度= 原木进口量/（原木进口量+原木生产量-原木出口量）

（公式 3）

图 11 清晰地表明我国原木对外依存度一直保持在 0.35 以上。除 2010 年以后，我国原木消费对外依存度从 2011 年的 0.36 攀升至 2018 年的 0.42。图

　　　　　　　　　　　　　　　　　以林为生：中国乡村林业的现实与发展研究

10 和图 11 一起清晰地表明 2010 年我国原木生产保持平稳，但日益增长的原木进口一方面填补国内需求缺口，另一方面也压低了国内原木价格。这也是导致林区农民和粮区农民收入差距拉大的重要因素。

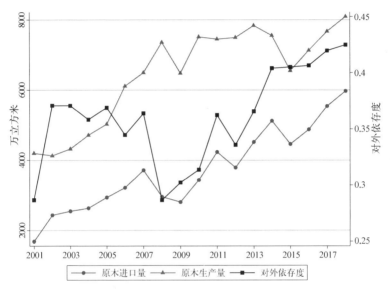

图 11　2001—2018 年原木生产、进口和对外依存度

数据来源：《中国林业和草原统计年鉴》、《中国林业统计年鉴》。

　　由于林产品价格持续在低位徘徊，林业的发展受到了非农领域的冲击。与林产品价格持续在徘徊形成鲜明对比的是农民工工资的不断攀升。图 12 展示了 2008—2018 年农民工相对工资、林产品及农业生产资料相对价格。该图清晰地显示，2008—2018 年林产品价格和农业生产资料价格保持基本保持同步，并且 2010 年以来林产品价格基本保持平稳。但农民工工资在这期间增长了 1.7 倍。其结果是，有条件的情况下，劳动力，尤其是

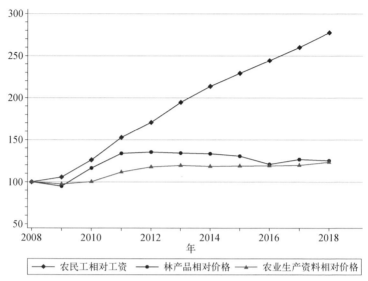

图 12 2008—2018 年农民工相对工资、林产品及农业生产资料相对价格

数据来源:《中国统计年鉴》、《农民工监测调查报告》。

年轻劳动力持续向非农领域转移。表 14 显示,我国 2008—2019 年农民工总量增加了 6 500 多万人,其中本地农民工数量增加了 3 100 多万,外出农民工数量增加了近 3 400 万。这表明,这 10 多年来有大量农村劳动力从农业转向非农领域,其中就包含了大量林区农民。劳动力向非农领域的转移对林业产生了下述重要影响:(1) 大量劳动力尤其是年轻劳动力从林业向非农领域转移,不但会影响农户对林业的资本和劳动力投入,也会影响新技术的采纳。劳动力向非农就业的转移会抑制农户对林业的资本投入(夏叶丹和曾维忠,2013),也会影响其劳动(如造林和施肥)投入(例如王小军等,2013),尤其是外出务工距离越远,对家庭林业投入产生的负向作用越大(徐婷婷和李桦,2016)。受教育水平是影响林业新技术采纳的重要

以林为生:中国乡村林业的现实与发展研究

因素，随着大量年轻劳动力向非农领域转移，可能会延缓新技术在林业的扩散（齐正顺等，2020）。(2) 林区劳动力向非农领域转移将影响集体林权流转。非农收入比例高、非农就业越稳定的农户，林地转出的概率也更高（孔凡斌和廖文梅，2011；徐秀英等，2020）。[1]

表 14　2008—2019 年农民工数量　　　　单位：万人

	本地农民工数量	外出农民工数量	合　计
2008	8 501	14 041	22 542
2009	8 445	14 533	22 978
2010	8 888	15 335	24 223
2011	9 415	15 863	25 278
2012	9 925	16 336	26 261
2013	10 284	16 610	26 894
2014	10 574	16 821	27 395
2015	10 863	16 884	27 747
2016	11 237	16 934	28 171
2017	11 467	17 185	28 652
2018	11 570	17 266	28 836
2019	11 652	17 425	29 077

数据来源：《农民工监测调查报告》。

3. 林地碎片化。林地碎片化是历史问题。我国现行集体土地所有者基本保留了人民公社时期"三级所有，队为基础"制度模式；但在土地承包

---

[1] 张寒等（2018）利用国家林业局对全国 9 省区 1 497 个农户的固定样本连续监测数据的研究发现，非农就业对林地流入具有显著的抑制作用；相反，非农就业对林地流出的作用并不显著，这与林地流转契约的长期性和林地生计保障功能密切相关。

过程中，为了确保公平，林地被划分成小块后承包给林农。林权制度改革后，林地碎片化问题更加突出。林地碎片化问题对林农收入的影响机制主要有：（1）林地碎片化阻碍了规模化经营，增加了单位土地的劳动力投入，导致林农经营林地兼业化、副业化。林农不得不在不同林地间通勤，增加了单位劳动力的投入；尤其当林地多且分散、林区道路基础设施差的情况下，林地碎片化极大地增加了单位土地的劳动力投入，导致部分林农不愿花精力去经营林地，造成林地资源闲置，林地生产力低下。（2）林地碎片化增加了林权流传的成本和难度，进一步阻碍了社会资本进入林业。林权流转通过优化资源配置、提高林业生产经营效率，提高农户家庭人均收入发挥减贫效应（左孝凡、王翊嘉、苏时鹏，2018）。但林地碎片化增加林权流转双方的沟通难度和交易成本，甚至会导致木桶效应，阻碍林权流转，从而阻碍公司资本的进入。特别是当林权流转制度不完善的情况下，林地碎片化增加了合同纠纷出现的概率，极大地增加了工商资本进入的风险。（3）林地碎片化阻碍了技术创新。技术创新的动力来源于生产要素成本差异导致的利润。土地的集约化经营会降低技术创新的成本，从而增加创新者的潜在收益。农业经济学大量研究表明，农地经营规模和新技术扩散之间存在紧密联系，土地碎片化会降低农民采纳新技术的概率（曹光乔、张宗毅，2008；邓正华，2013；钟鑫，2016；文长存、吴敬学，2016；黄炜虹，2019）。土地经营规模越大，技术效率越高（张瑞娟、高鸣，2018）。林业领域中的技术扩散也遵守同样的规律。合作社、大农户等较大经营主体采纳新技术的概率高于小农户（孙瑜、于茜和鹿永华，2019）。林地规模越大的农户对新技术的采纳率越高（赵思嘉，2019）。

4. 林地的保障功能与林业兼业化。家庭联产承包责任制确保了农民基本的营养需要，强化了土地的生存性收入保障功能，为农村构筑了强大的保护网（姜长云，2002；姚洋，2010）。当农民财富积累不足、缺乏替代性收入来源、社会保障体系缺失或水平较低时，需要依靠土地及其生产收入来保障基本生活需求。因此，中国农村，尤其是贫困地区，土地仍然是农民的最后一道生活安全保障线，具有全方位保障功能（黄祖辉和王朋，2009）。林地既能保障林农的最低生活水准，也吸纳林区多余劳动力。[1]这阻碍了农民土地/林权流转的意愿。2008 年全面推进集体林权制度改革，明晰了产权，为林地流转创造了条件，但林地流转没有随着林权确权完成而线性上升。根据国家林业和草原局（2019）统计，2009—2018 年集体林权流转呈先上升再下降的趋势，2015 年以后集体林权流转呈现出拐点（刘璨等，2020）。南方林业产业交易所的数据显示，2007—2016 年间集体林地交易也出现了先扬后抑的趋势，但拐点出现在 2012 年（杨丽颖和谢煜，2017）。

5. 融资难、融资贵问题仍未得到有效解决。融资难、融资贵是小农面临的普遍性问题。不仅在林业，而且在种植业、养殖业等领域都存在这个问题。但林业领域的融资相对复杂。以银行贷款为例，通常银行贷款涉及抵押物的保全和处置。商品林的抵押贷款通常是以林业经营收益权作为市场化质押担保，但林业生长周期长、森林采伐限额政策等因素增加了抵押物的处置难度和风险。为了降低违约成本，银行一方面不得不降低抵押物的质押率，从而限制了抵押贷款的额度，另一方面需要提高利率，从而增加了林农的贷款成本。小额贷款中，由于涉及对抵押物评估的一系列流

---

[1]　但林业吸纳多余劳动力是以"过密化"方式进行的，即在林业生产过程中，劳动力投入的边际成本大于边际收益，农民仍旧不断将劳动力投向林业。

程，增加了单位贷款的成本，降低了农户和银行双方交易的意愿。而对公益林的抵押贷款中，公益林只能进行抚育、更新和低质低效林改造性质的采伐，因此不能直接作为贷款抵押物。因此，公益林通常基于公益林补偿收益市场化质押担保贷款。总体来说，在林业领域，小农抵御风险能力低，抵押物保全和处置风险高等问题，导致贷款周期短、利率高、额度低，不适合林业生长周期长的特点。这导致贷款供需两端对林业贷款积极性不高。近年来，各地政府尝试从抵押物着手，试图化解银行风险，从而改善林业贷款供给，并取得了一定的进展。例如，公益林补偿收益权具有现金流稳定、信誉高的特点。因此各地政府通过开发公益林补偿收益权质押产品，使未来的预期收益转化为现实的资金来源，有助于公益林的经营管理。许多地区规定贷款额度原则上不超过上年度公益林补偿金收入的 15 倍。福建林权收储担保模式，则通过政府建立的林权收储担保机构以林权收储形式为借款人实施担保，从而化解银行风险。

然而林业贷款依然面临不少问题。例如：（1）林业贷款规模小，单位成本高，导致不少大型国有银行对此并不积极，因此目前林业贷款主要由各地农村商业银行承担。（2）林业贷款周期短，与林业特点不符，导致林农对贷款不积极。虽然各地对林权抵押贷款的贷款周期原则上规定贷款期限应与林业生产周期匹配，一般不应超过 15 年。但实际操作过程中，银行为了规避违约风险，实际贷款期限一般长则不超过 3 年，短则不超过 1 年。然而即便速生林的生长周期也长达 5—6 年。（3）贷款利率偏高。林木生长周期长，面临不可抗力的自然风险，受采伐政策影响大、甚至面临盗伐等问题，这些因素给银行的资产保全带来较大的风险，因此林权抵押贷款的手续复杂，利率高。有调查发现，一般的林权抵押贷款业务中，金融机构要求的贷款利率较同期贷款基准利率普遍上浮 50% 以上，有的甚至高达 100%，加上资源调查与评估、抵押担保、手续办理等费用，其年资金利率高达 15%—20%，相当于民间借贷利率水平（刘祖军，2019）。另一项对部分县企业、专业合作社和林农的调查显示，林权抵押贷款的平均年利率达到 10%（程玥等，2016）。不过，近年来各地对集体林权抵押贷款优化了管理办法，对贷款利率有了一些限制性规定。例如 2018 年《江西省林权抵押贷款管理办法（试行）》规定贷款利率上浮幅度原则上最高不超过贷款基准利率的 50%。但没有具体规定抵押率。同年，《江西省公益林（天然商品林）补偿收益权质押贷款管理办法（试行）》规定贷款利率原则上利率上浮幅度最高不超过贷款基准利率的 50%。2018 年，福建省《政和县林权抵押贷款担保收储（试行）办法》规定"林权抵押贷款担保收储贷款实行浮动利率，按中国人民银行公布的同期同档次贷款基准利率上浮，比照同类贷款给予利率优惠，其贷款利率上浮幅度最高不超过 30%"。2016 年福建顺昌县林权抵押贷款利息最高达国家同期贷款基准利率 1.7 倍，但该县引入林权担保收储制度后，信用联社贷款月利率由 9.48‰ 降至 6.15‰。（4）林权抵押贷款还面临抵押物评估难、信贷管理难等问题。特别是在小额贷款中，按照中国银监会、国家林业局、国土资源部《关于推进林权抵押贷款有关工作的通知》规定对于贷款金额在 30 万元以下的林权抵押贷款项目，银行业金融机构要参照当地市场价格自行评估。然而由于缺乏市场定价机制，对林权价值的评估困难重重。（5）林权抵押贷款对象主要是涉林企业和大户，小农户依然难以获得林权抵押贷款。（6）融资渠道单一。林权抵押贷款中银行面临高风险，导致主要商业银行对开展林权抵押贷款业务并不积极。目前林权抵押贷款的主体发放渠道是农商银行。

第四章 棘手问题：乡村林业发展亟待解决的问题

2008 年集体林权制度改革明确了林地产权，为乡村林业的发展奠定了基础。因此，近十多年以来，乡村林业取得了明显的发展。虽然产权保障对于实现可持续的森林管理和改善农民生计是必要的，但其他因素，例如良好的治理和适当的监督框架同样至关重要。本章将围绕乡村林业的特征，重点讨论我国乡村林业发展亟待解决的问题。首先是厘清乡村林业政策目标导向。其次是赋权问题，即通过赋权使个体或群体积极参与乡村林业，从而自主解决参与过程中所面临的各种问题；解决集体林权制度改革遗留问题和林权流转问题。再次是实现乡村林业的组织化，即地方治理与乡村林业服务的组织化和新型林业经营主体的培育；最后是林业经济价值实现手段多样化。

第一节 明确乡村林业政策目标导向

政策导向对产业的发展至关重要。乡村林业发展必须首先明确政策的目标导向，然后才有可能处理好乡村林业发展过程中各类目标的优先顺序。我国从 1998 年以来逐步加大对林业生态建设，并建立起林业财政投入机制。2003 年《中共中央、国务院关于加快林业发展的决定》标志着我国林业由以木材生产为主向以生态建设为主的历史性转变。2008 年集体林权制度改革以后，集体林权的产权制度不断完善为农民通过发展乡村林业实现就业增收提供了可能。2012年以后林业政策逐步转向生态建设和改善民生兼顾的主导性目标，因此如何实现改善民生，提高林区农民的收入已成为这一时期林业政策的基本关注点之一。党的十九大报告提出的乡村振兴战略则为乡村林业的发展提出了更高的要求。2018年中共中央、国务院《关于实施乡村振兴战略的意见》坚持农业农村优先发展，按照产业兴旺、生态宜居、乡风文明、治理有效、生活富裕的总要求，建立健全城乡融合发展体制机制和政策体系，统筹推进农村经济建设、政治建设、文化建设、社会建设、生态文明建设和党的建设。《意见》首次将"绿水青山就是金山银山"的理念写进了一号文件，指出要实现百姓富、生态美的统一。这也是现阶段我国乡村林业的总体目标。当前，我国农村工作在乡村振兴的目标下乡村林业承载的社会功能不仅是实现生态效益和经济效益，更与社会稳定和社会治理密切相关。也就是说，乡村林业需要实现三个效益：

其一是要实现乡村林业的生态效益。森林是生态系统的重要支柱。作为陆地生态系统的主体，森林承担了涵养水源、保持水土、调节气候、减少污染、防风固沙和保护生物多样性等重要功能。从这个角度而言，林业具有公共品属性，具有非竞争性和非排他性特征。为了确保乡村林业的生态效益，就必须加强对森林的建设与保护。这显然是有成本的。因此，国家需要建立相关的成本分摊机制，尤其要建立生态效益补偿机制。

其二是要实现乡村林业的经济效益。森林是重要的战略资源，在保障木材和林产品供给方面具有核心作用；森林也是林区农民生活资料和收入的重要来源。因此，林业不仅具有公共品属性，也具有私人物品属性，具有竞争性和排他性特质。这一方面要求发展林业产业，为我国林产品供应和木材的战略储备提供保障，另一方面也要求林业能够为农民生活提供必需品，并切实带动农民收入的增长。

其三是要实现乡村林业的社会效益。林地具有社会保障功能。在人口城市化的过程中，大量农村劳动力（特别是年轻劳动力）迅速向城市迁移，加速了农村人口老龄化的进程。但仍有大量中老年人口滞留在农村。林业无疑成为吸纳农村劳动力并保障林区农民基本生活的基础产业之一。从这个意义而言，林业具有保障林农就业、改善社会治理、维护社会稳定的作用。

乡村林业发展的首要任务是明确自身追寻的发展目标，并对各种目标进行调适。乡村林业的三种效益并不是总是协调的，甚至在某些方面是有冲突的。例如要实现生态效益就意味对森林资源的开发和利用加以限制，但这可能会导致林区农民收入的下降和就业压力的增加。反之，过于强调林业的经济效益，可能导致对森林的过度利用，并引发了生态问题。因此，在很大程度上，乡村林业是在对这些目标进行妥协与平衡的基础上，寻找一条合适的发展路径。

乡村林业实践主体是多样化的，其中包含林业政策的制定主体（例如各级政府）、非政府组织、新型林业经营主体、村集体、林农等。因此，更关键的是，乡村林业发展过程中各层级的相关主体如何平衡各自的目标。例如，从国家的层面上，是经济效益优先还是生态效益优先，抑或是社会效益优先？省、市和县各级政府对乡村林业的目标与国家的目标是否有差异？如果有，该如何调适？从社区、个体层面上又如何平衡生态效益、经济效益和社会效益，使之可以与其他主体的目标相衔接？通常层级越高的政府机构，越关注乡村林业的生态效益和社会效益；而基层政府和林业经营主体则更关注乡村林业的经济效益。本书导言中提及的云南西双版纳的案例生动地说明了乡村林业各个主体（林农、基层政府和省及中央政府）不同的行动目标及其冲突。因此，能否调适乡村林业的各个行动主体是乡村林业成败的重要因素。当前乡村林业遭遇的许多困境都与此有关。

第二节　赋权问题

赋权是乡村林业的核心特征之一。赋权包含两个层面：其一是赋予个体或群体行使权力、做出决策和掌握自己生活的能力（权力）。在中国的情景下，有两个问题极为重要：① 通过赋权使个体或群体积极参与乡村林业，从而自主解决参与过程中所面临的各种问题。但是，当前我国乡村林业实践中，农民的参与主体和受益主体地位未能完全体现，这可能制约了农民参与林业的积极性，从而影响林农的就业增收。② 产权及其相关问题，尤其是集体林权制度改革遗留问题和林权流转问题。其二是使国家和非国家的体制结构对人民的反应更迅速，更负责，从而使机构能发挥作用。这实际上涉及政府运作机制等体制性问题。本节我们主要讨论赋权的第一个层面。

1. 乡村林业的参与主体和受益主体

农民是乡村林业的主体，并通过参与林业活动并从中受益来体现。农民的乡村林业参与主体地位体现在农民对乡村林业的劳动、资本的投入和参与乡村林业的意愿，也体现在农民参与乡村林业的过程中有主动、自主、自决的能力。参与性是乡村林业的核心，表现为农民参加社会林业活动的广泛性和全过程性。农民也应当是乡村林业的受益主体。乡村林业具有多重目标,但乡村林业的受益主体首先应为作为参与主体的农民。

当前农民未能在乡村林业中体现主体性和参与性。首先,农民参与乡村林业的意愿低下。集体林权制度改革主体工作完成后,林农获得了集体林地的承包权、经营权和林木所有权,成为林业的经营主体。然而由于林农普遍缺乏资金和技术、农村劳动力成本上升导致林业收益相对下降、林地碎片化导致生产成本高企等一系列原因,致使林农参与乡村林业的意愿低下,林业兼业现象严重。

其次,农民对乡村林业的劳动投入有减少的趋势。据国家林业局“集体林权制度改革监测”项目组(2017)的监测数据表明,在平均抚育面积保持基本稳定的情况下,一般林农、联户经营农户对林业的劳动投入在逐渐减少。例如一般林农,2009 年亩均劳动投入为 4.39 工日,但 2015 年下降至 1.96 工日。联户经营农户 2009 年亩均劳动投入 7.09 工日,至 2015 年下降至 1.55 工日。而股份合作农户的劳动投入相对比较稳定(见表 15)。

表 15 各类林农的林业劳动投入

年份	一般林农			联户经营			股份合作		
	平均抚育面积(亩)	平均劳动投入(工日)	亩均劳动投入	平均抚育面积(亩)	平均劳动投入(工日)	亩均劳动投入	平均抚育面积(亩)	平均劳动投入(工日)	亩均劳动投入
2009	28.49	125.02	4.39	22.05	156.30	7.09	25.47	308.60	12.12
2010	32.94	80.01	2.43	34.77	90.74	2.61	59.44	77.50	1.30
2011	25.82	61.05	2.36	43.71	59.62	1.36	37.73	81.16	2.15
2012	26.51	76.95	2.90	50.93	95.71	1.88	32.00	73.67	2.30
2013	29.98	56.98	1.90	44.26	88.17	1.99	50.30	93.08	1.85
2014	28.31	61.93	2.19	38.22	59.65	1.56	27.30	98.94	3.62
2015	38.29	74.89	1.96	54.00	83.46	1.55	42.00	117.92	2.81

数据来源:《2016 集体林权制度改革监测报告》第 89、94 页。

最后，当前林业政策的制定也未能体现农民参与性。例如，在生态公益林区划界定过程中缺少农民参与。按照国家林业局、财政部 2017 年 4 月 28 日颁布的《国家级公益林区划界定办法》第十条"省级林业主管部门会同财政部门统一组织国家级公益林的区划界定和申报工作。县级区划界定必须在森林资源规划设计调查基础上，按照森林资源规划设计调查的要求和内容将国家级公益林落实到山头地块。要确保区划界定的国家级公益林权属明确、四至清楚、面积准确、集中连片。"也就是说，国家级公益林区划界定主要由省级林业部门和财政部门负责。第十二条规定"区划界定国家级公益林应当兼顾生态保护需要和林权权利人的利益。在区划界定过程中，对非国有林，地方政府应当征得林权权利人的同意，并与林权权利人签订区划界定书。"虽然办法规定了"对非国有林，地方政府应当征得林权权利人的同意，并与林权权利人签订区划界定书"，然而在实际操作中，林农无法参与生态公益林区划，甚至有可能在不知情的情况下，所属林地被划分成公益林，这导致社会矛盾依然突出。生态公益林区划是按生态公益林的区划技术标准进行，根据"相对集中成片"区划原则，将相当一部分已经由明确的经营主体从事商业性经营的林地划为生态公益林管理的林地，其中许多林地没有经过与利益相关人商妥就被划为生态公益林，甚至有相当一部分林地所有权人毫不知情。这些林地被圈定为公益林后，林农便失去了山林自主处置权，不能进行经营性采伐，特别是部分林地还是山区农民维持生计的主要来源，将这些林地划入生态公益林，就相当于断了他们的生计，从而导致许多社会问题，甚至集体上访。

2. 产权问题：林权制度改革和产权问题，解决林权流转中的难题

发展多种形式适度规模经营、培育新型林业经营主体，是乡村林业发

展的重要方向和必由之路。集体林权制度改革实施过程中，为了确保公平，集体林地被划分成小块后承包给农户，造成的林地碎片化已成为乡村林业发展的制约因素之一。林权流转是克服林地碎片化的有效手手段，也是吸引社会资本，培育新型林业经营主体的前提条件。

明晰的产权是乡村林业发展的制度基础，是产权保护、变更和交易的前提条件，是林权流转的制度基础。我国一直在探索适合中国的林地产权保护制度。但林地制度改革长期落后于农地制度改革。直至 2008 年集体林权制度改革，才基本完成了集体林地明晰产权、承包到户的改革任务，并开始积极探索集体林权流转制度改革。2016 年国务院办公厅颁布了《关于完善集体林权制度的意见》[国办发（2016）83]，指出稳定集体林地承包关系，放活生产经营自主权，引导集体林适度规模经营。2018 年 12 月新修订《土地承包法》确立了坚持农村土地集体所有权，保护农户承包权和放活土地经营权的农村土地"三权分置"格局。自此，林权流转的制度基础已经建立。

然而，林权流转却并没有随着产权制度的建立而趋于活跃。国家林业和草原局"集体林权制度改革监测"项目组（2018）对辽宁、福建、江西、湖南、云南、陕西和甘肃等省 70 个县 350 个样本村 3 500 个样本户的固定观测点监测表明，2009—2015 年样本县林权流转交易活跃，流转面积年均增速高达 27.16%，流转面积占林地总面积的比例从 2.73% 上升至 11.67%。但其后林权流转的增长开始放缓，自 2016 年起累计流转交易面积增量大幅减缓，当年新增林权流转面积从 2015 年的 467.15 万亩，下降至 2016 年的 186.77 万亩和 2017 年的 103.93 万亩。

当前，全国集体林权流转依然受诸多问题的困扰。例如：（1）主体改革确权发证不到位、不规范问题依然突出（朱文清等，2018）。例如，2017年，广西针对全区发证率只有 50% 的问题，要求查漏补缺从 2018 年开始，在 5 年内实现发证率达到 85% 以上的目标。[1] 我们对广西部分县的调查发现，由于历史原因，林权纠纷久拖不决；部分林地虽然已经确权，但为避免社会矛盾，一直未能发证。（2）对农民，特别是对贫困地区农民而言，林地具有全面保障功能，这降低了农民流转林地的意愿。（3）林权流转中林农信息不对称，转让价格偏低，利益受损。（4）缺乏统一的林权流转平台；流转流程需进一步规范。

第三节　乡村林业的组织化

组织化是乡村林业的基本特征之一。通常单个农民在资金、市场、技术等方面处于全面劣势。通过组织化可使农民摆脱上述劣势，从而有效地参与乡村林业。我们可以从两个角度来理解我国乡村林业的组织化。其一是通过乡村治理和乡村林业服务的组织化，发挥乡村基层组织和林业服务组织对乡村林业发展的作用。其二是通过培育新型林业经营主体，实现生产过程的组织化，使单个农户摆脱资金、技术、市场等劣势，最终实现乡村林业的发展。

1. 地方治理与乡村林业服务的组织化：基层组织和乡镇林业工作站

从乡村林业的角度，乡村基层组织主要包含两类。一类是村党组织和村民委员会等乡村基层组织。

---

[1]　见《广西壮族自治区人民政府办公厅关于开展集体林权证发放查缺补漏纠错工作的通知》（桂政办发〔2017〕105 号）。

村党组织是农村最基层的党组织，2019 年 1 月中共中央印发的《中国共产党农村基层组织工作条例》赋予党的农村基层组织领导经济建设的重要职责，指出"应当加强对经济工作的领导，坚持以经济建设为中心，贯彻创新、协调、绿色、开放、共享的发展理念，加快推进农业农村现代化，持续增加农民收入，不断满足群众对美好生活的需要"，还新增了要"坚持绿水青山就是金山银山理念，实现农业农村绿色发展、可持续发展"的职责。[1]新的《条例》还特别规定了村党组织书记应当通过法定程序担任村民委员会主任和村级集体经济组织、合作经济组织负责人，村"两委"班子成员应当交叉任职。这进一步强化了党对农村经济建设的领导力。

同时，村民委员会也肩负着促进农民生产建设和经济发展的职责。村民委员会是村民自我管理、自我教育、自我服务的基层群众性自治组织，在人民调解、治安保卫、公共卫生和计划生育、宣传普法等方面发挥着重要的作用，而且村民委员会是与农民关系最密切、最了解农民的生产与生活的自治组织，并负有"支持和组织村民依法发展各种形式的合作经济和其他经济，承担本村生产的服务和协调工作，促进农村生产建设和经济发展"的职责。村民委员会依照法律规定，管理本村属于村农民集体所有的

---

[1] 党的农村基层组织经济建设的具体任务包括：（一）坚持以公有制为主体、多种所有制经济共同发展的基本经济制度，巩固和完善农村基本经营制度，坚持农村土地集体所有，坚持家庭经营基础性地位，坚持稳定土地承包关系，走共同富裕之路。（二）稳定发展粮食生产，发展多种经营应当支持和促进粮食生产相结合。（三）推动乡村产业振兴，推进农村一二三产业融合发展，让农民合理分享全产业链增值收益。（四）坚持"绿水青山就是金山银山"理念，实现农业农村绿色发展、可持续发展。（五）领导制定本地经济发展规划，组织、动员各方面力量保证规划实施。（六）组织党员、群众学习农业科学技术知识，运用科技发展经济。吸引各类人才到农村创业创新（见 2019 年 1 月由中共中央印发《中国共产党农村基层组织工作条例》第十二条）。

土地和其他财产，引导村民合理利用自然资源，保护和改善生态环境。[1]在村"两委"班子成员交叉任职，书记"一肩挑"的情况下，村党组织和村民委员会同时肩负着经济建设的职责。如何发挥村党组织和村民委员会的领导力和组织力对于乡村林业能否顺利发展具有重要的意义。

另一类是林业专业机构，即乡镇林业工作站。我国在有林业生产和经营管理任务的地方，都设立了乡镇林业工作站。这些遍布林区乡镇的乡镇林业工作站承担着政策宣传、资源管理、林政执法、生产组织、科技推广和社会化服务等职能，是我国林业政策的具体执行者。截至 2018 年底，我国共有乡镇林业工作站 23 704 个，其中 12 185 个为乡镇独立设站。这些乡镇林业站的管理体制主要分为垂直管理（29.8%）、双重领导（20%）和乡镇管理（50.2%）三类。仅有约 15.1% 的乡镇林业站已加挂了科技推广站牌子。从全国范围来看，加挂科技推广站牌子的乡镇林业站分布非常不均衡，例如湖南有 44.2% 的乡镇林业站已加挂科技推广牌子，但邻省的湖北、安徽、广西和贵州这个比例分别仅有 7.1%、4.9%、1.4% 和 5.4%。此外，全国仅有 12.5% 的乡镇林业工作站加挂了与林业技术相关的病虫害防治牌子。其分布也极不均衡，例如江西有 40.9% 的乡镇林业工作站加挂了病虫害防治牌子，但浙江和福建这个比例仅有 1.9% 和 6.3%（见表 16）。与之相关的是乡镇林业工作站的科技推广情况。表 17 显示 2018 年全国乡镇林业工作站工参与科技推广项目 10 746 个，但地区间分布不均。例如，山东、云南和湖南乡镇林业工作站参与科技推广项目分布达到 2 831 个、

---

[1] 见 2018 年 12 月 29 日第十三届全国人民代表大会常务委员会第七次会议修正的《中华人民共和国村民委员会组织法》第八条。

表 16　2018 年各地区乡镇林业工作站基本情况

地区	至本年底实有站数		管理体制			已加挂科技推广站牌子站数比例	已加挂病虫害防治站牌子站数比例	已加挂野生动植物保护站牌子站数比例	已加挂公益林管护站牌子站数比例	已加挂森林防火指挥部牌子站数比例	在岗人数	站均人数	大专以上学历人数比例	专业技术人员比例	
	合计	其中:乡镇独立设站	垂直管理	双重领导	乡镇管理									合计	其中:中高级专业技术人员比例
全国总计	23 704	12 185	7 070	4 741	11 893	15.1%	12.5%	22.0%	18.1%	15.0%	86 106	3.6	65.7%	52.8%	30.3%
北京	165	112	29	53	83	0.6%	4.2%	2.4%	2.4%	8.5%	1 040	6.3	79.3%	16.2%	9.2%
天津	96	57		14	82	2.1%	3.1%	3.1%	3.1%	4.2%	200	2.1	73.5%	37.0%	26.0%
河北	736	179	333	165	238	29.8%	6.9%	5.3%	7.9%	13.9%	2 407	3.3	70.3%	48.6%	34.6%
山西	1 100	279	39	427	634	10.0%	11.9%	9.0%	25.9%	15.0%	1 993	1.8	48.7%	27.1%	15.3%
内蒙古	712	580	442	126	144	17.6%	7.7%	3.8%	29.4%	10.1%	2 451	3.4	77.4%	50.8%	35.6%
辽宁	862	571	32	170	660	8.2%	9.7%	34.3%	33.2%	9.0%	2 859	3.3	75.0%	51.5%	32.8%
吉林	673	637	474	136	63	24.7%	19.2%	29.0%	14.1%	9.4%	3 344	5.0	58.6%	66.8%	34.8%
黑龙江	819	345	209	282	328	15.5%	7.0%	12.8%	2.1%	3.8%	2 112	2.6	71.4%	69.7%	49.2%
上海	106			18	88		0.9%	0.9%	0.9%	0.0%	369	3.5	82.7%	37.9%	23.3%
江苏	220	12	7	10	203	1.8%	1.4%	0.5%	1.4%	0.9%	598	2.7	80.8%	76.3%	44.8%
浙江	368	122	111	98	159	5.2%	1.9%	5.7%	24.5%	8.7%	1 241	3.4	80.5%	79.2%	55.0%

以林为生:中国乡村林业的现实与发展研究

地区	至本年底实有站数 合计	至本年底实有站数 其中:乡镇独立设站	管理体制 垂直管理	管理体制 双重领导	管理体制 乡镇管理	已加挂科技推广站牌子站数比例	已加挂病虫害防治站牌子站数比例	已加挂野保站牌子站数比例	已加挂公益林管护站牌子站数比例	已加挂森林火指指挥部牌子站数比例	在岗人数	站均人数	大专以上学历人数比例	专业技术人员比例 合计	专业技术人员比例 其中:中高级专业技术人员比例
安徽	749	485	~76	140	133	4.9%	10.4%	21.0%	1.1%	5.5%	2 431	3.2	71.0%	79.6%	54.1%
福建	906	877	506	269		29.7%	6.3%	67.7%	5.1%	23.5%	3 189	3.5	70.3%	64.3%	36.4%
江西	899	606	575	269	55	13.9%	40.9%	64.6%	44.2%	9.7%	3 965	4.4	47.5%	43.3%	22.6%
山东	861	289	31	126	704	7.9%	7.7%	4.5%	4.9%	7.5%	2 063	2.4	69.1%	54.8%	28.1%
河南	1 667	149	129	169	1 369	19.0%	8.0%	4.1%	7.8%	12.1%	4 482	2.7	58.9%	32.6%	17.4%
湖北	883	687	631	136	66	7.1%	6.0%	19.4%	11.2%	17.1%	4 523	5.1	54.4%	57.0%	35.7%
湖南	1 562	1 244	739	148	675	44.2%	38.8%	50.2%	66.1%	43.7%	8 912	5.7	53.7%	43.0%	22.8%
广东	1 032	660	362	82	588	16.9%	3.0%	9.9%	8.2%	10.3%	4 756	4.6	53.1%	32.7%	12.9%
广西	1 108	1 047	316	318	474	1.4%	0.4%	0.2%	2.3%	2.4%	3 760	3.4	68.6%	53.6%	19.3%
海南	114				114										
重庆	357	148	1	105	251	8.1%	10.1%	12.9%	9.0%	14.3%	1 176	3.3	87.7%	46.9%	33.0%
四川	1 566	686	735	522	308	13.5%	13.7%	28.9%	13.2%	17.4%	6 236	4.0	67.9%	56.2%	35.2%

地 区	至本年底实有站数		管理体制			已加挂科技推广站牌子站数比例	已加挂病虫害防治站牌子站数比例	已加挂野保站牌子站数比例	已加挂公益林管护站牌子站数比例	已加挂森防火指挥部牌子站数比例	在岗人数	站均人数	大专以上学历人数比例	专业技术人员比例	
	合计	其中:乡镇独立设站	垂直管理	双重领导	乡镇管理									合计	其中:中高级专业技术人员比例
贵州	1 314	1 148	2	331	981	5.4%	9.8%	35.9%	14.0%	26.2%	4 456	3.4	81.8%	52.9%	26.3%
云南	1 385	637	19	94	1 272	18.3%	15.9%	34.2%	29.8%	43.5%	7 179	5.2	81.2%	75.0%	48.2%
西藏	684	684			684						684				
陕西	780	133	156	139	485	14.4%	14.5%	2?.7%	14.7%	7.4%	2 748	3.5	61.8%	48.4%	29.7%
甘肃	606	120	105	224	277	8.4%	5.6%	9.1%	16.7%	2.5%	2 020	3.3	67.1%	42.9%	19.8%
青海	265	35	6	129	130	4.2%	1.9%	2.3%	45.3%	0.0%	497	1.9	81.7%	68.6%	36.4%
宁夏	190	58	154	9	27	20.0%	10.0%	11.1%	8.9%	1.6%	797	4.2	78.7%	75.5%	55.7%
新疆	919	282		301	618	21.3%	28.7%	21.0%	20.0%	8.1%	3 618	3.9	71.4%	63.3%	26.6%
新疆生产建设兵团	147	92		147		4.1%	19.7%	3.4%	55.8%	3.4%	779	5.3	83.4%	66.6%	34.8%

数据来源:《中国林业和草原年鉴（2018）》。

以林为生：中国乡村林业的现实与发展研究

1 252 个和 1 043 个，但同属集体林区的贵州和广西仅分别有 379 个和 211 个，广东甚至仅有 50 个。同样表 17 还显示，站办示范基地、扶持指导科技推广面积和培训林农等方面各省之间分布也极不均衡。有研究表明，乡镇林业工作站人员素质的提高能有效地改善林业生产的技术效率（宋长鸣和向玉林，2012）。我国 86 000 多名乡镇林业工作站站岗人员中，大专以上学历人数比例高达 65.7%，专业技术人员比例为 52.8%，中高级专业技术人员比例亦高达 30.3%。乡镇林业工作站是林农与林业科研机构的纽带。如何发挥好乡镇林业工作站的科技推广职能，对于乡村林业的产业升级具有不可替代的作用。

不过，现实的情况是目前乡镇林业工作站的人员编制少，工作任务繁重。全国乡镇林业工作站平均在岗人数为 3.6 人，除了林业科技推广外，还负担大量繁重的职责。[1] 表 17 列举了 2018 年各地区基层林业工作站职能作用主要指标情况，可见在乡镇林业工作站的主要职能中，除了科技推广外，还包括营林造林、林业执法、病虫害防治、处理纠纷、协助办理林业有关证件、林业保险等相关事宜。从管理体制上看，仅有 29.8% 的乡镇

---

[1] 依据 2015 年 10 月 30 日国家林业局局务会议审议通过的《林业工作站管理办法》，林业工作站的具体职责有 (1) 宣传与贯彻执行森林、野生动植物资源保护等法律、法规和各项林业方针、政策；(2) 协助县级林业主管部门和乡镇人民政府制定和落实林业发展规划；(3) 配合县级林业主管部门开展资源调查、档案管理、造林检查验收、林业统计等工作；(4) 协助县级林业主管部门或者乡镇人民政府开展林木采伐等行政许可受理、审核和发证工作；(5) 配合县级林业主管部门或者乡镇人民政府开展森林防火、林业有害生物防治、陆生野生动物疫源疫病防控、森林保险和林业重点建设工程等工作；(6) 协助有关部门处理森林、林木和林地所有权或者使用权争议，查处破坏森林和野生动植物资源案件；(7) 配合乡镇人民政府建立健全乡村护林网络和管理乡村护林队伍；(8) 推广林业科学技术，开展林业技术培训、技术咨询和技术服务等林业社会化服务；(9) 承担县级林业主管部门或者乡镇人民政府规定的其他职责。

表 17 2018年各地区基层林业工作站职能作用主要指标情况

地区	营林情况				受委托行使林业行政执法权站数	直接受理林政案件数	协助受理林政案件数	具有林业行政执法证人数（人）	林业有害生物防治面积	参与调处林权纠纷	受理林业承包合同纠纷
	本年新造林面积	森林抚育面积	四旁植树株数（万株）	本年育苗面积							
全国总计	4 279 471	3 661 060	127 663	287 322	8 192	24 628	55 377	29 523	6 677 705	80 337	15 285
北京	27 281	62 726	224	2 894		37	390	74	27 840	144	5
天津	7 839	22 777	201	3 910	1	1	73	39	49 982	4	11
河北	339 348	183 990	3 873	36 863	83	247	575	321	398 969	798	374
山西	165 221	31 317	4 680	18 625	64	140	539	126	99 144	1 779	202
内蒙古	343 813	190 701	713	18 159	186	300	3 175	465	339 335	1 195	339
辽宁	117 624	49 797	3 444	5 233	431	1 636	1 824	959	496 853	2 270	551
吉林	57 274	30 129	403	3 352	501	2 332	2 002	1 713	147 283	936	327
黑龙江	28 366	16 179	351	2 440	262	184	792	628	29 173	403	215
上海	2 928	14 225	50	1 180	1	3	17	1	10 417	3	
江苏	5 609	8 085	4 664	6 414	27	251	68	102	53 364	108	25
浙江	62 219	60 993	740	1 018	100		785	487	188 832	923	154
安徽	81 594	257 999	10 174	7 034	187	147	2 723	1 309	380 755	2 136	747
福建	161 613	160 823	3 713	6 561	405	978	3 619	1 659	147 449	2 084	724
江西	253 534	154 763	4 068	6 624	725	2 607	2 366	2 503	282 624	4 632	684
山东	70 967	78 212	7 094	16 997	44	33	1 203	99	465 673	4 765	101

以林为生：中国乡村林业的现实与发展研究

地区	本年新造林面积	营林情况			受委托行使林业行政执法权站数	直接受理林政案件数	协助受理林政案件数	具有林业行政执法证人数（人）	林业有害生物防治面积	参与调处林权纠纷	受理林业承包合同纠纷
		森林抚育面积	四旁植树株数（万株）	本年育苗面积							
河南	154 309	147 304	11 724	51 472	99	402	2 098	281	291 579	2 148	699
湖北	258 840	172 146	10 723	15 610	451	1 943	3 366	2 517	341 187	5 644	1 238
湖南	268 969	185 258	15 043	9 306	882	1 692	3 597	3 056	241 763	7 074	1 695
广东	248 879	236 479	7 105	2 908	290	433	1 359	1 042	164 371	2 173	193
广西	219 076	408 149	4 225	9 271	212	1 101	5 282	1 389	51 948	7 450	618
重庆	65 395	32 035	785	2 362	236	580	511	568	172 630	1 022	256
四川	148 970	136 530	9 268	6 283	529	1 907	3 077	2 599	295 640	4 636	1 179
贵州	317 341	185 127	2 785	6 101	767	1 883	3 972	1 565	182 441	5 754	3 138
云南	286 306	154 153	9 791	3 368	1 134	5 377	9 054	4 716	429 514	5 721	1 062
陕西	140 448	53 069	3 703	17 658	214	315	1 685	583	100 494	1 474	529
甘肃	183 332	114 448	5 697	6 758	79	25	479	203	135 129	317	87
青海	86 245	12 588	471	797	19	4	46	53	95 250	21	21
宁夏	48 695	25 310	660	7 394	43	22	272	46	117 307	302	5
新疆	127 437	475 725	1 290	10 730	220	48	428	420	940 759	14 421	106
新疆生产建设兵团	14 942	131 049	191	1 855	146	20	114	214	24 301	31	16

表17 2018年各地区基层林业工作站职能作用主要指标情况（续）

地区	参与开展科技推广项目	现有站办示范基地面积	扶持指导科技推广面积	培训林农（人次）	协助办理林业有关证件份数（份）	参与森林保险工作站数	参保情况		查勘定损		设立森林保险服务站数
							户数（户）	面积	数量（起）	面积	
全国总计	10 746	236 656	1 533 636	7 520 811	1 386 185	3 559	23 210 878	52 529 153	60 007	297 172	1 112
北京	5	86.33	6 540.7	50 384	2 439	17	8 104	39 387	118	377	2
天津	8	1 205	1 967	14 905	632	1					
河北	138	6 634	73 255	279 014	6 256	169	356 038	1 678 380	112	1 828	13
山西	111	12 779	22 385	80 141	22 904	293	180 425	626 575	699	1 335	40
内蒙古	120	4 092	33 691	108 169	30 898	353	393 084	5 278 680	4 311	115 533	73
辽宁	60	345	8 311	71 896	60 588	618	561 551	2 577 877	503	1 925	5
吉林	74	385	4 369	29 432	13 625	45	10 673	264 673	19	21	12
黑龙江	56		1 972	21 098	5 768				6	9	
上海	7	46	1 486	4 888	115	102	102	38 256	2	155	
江苏	42	780	5 907	11 831	14 310	4	17 836	16 322	28	29	
浙江	229	2 128	31 938	74 484	16 239	124	400 515	580 082	29	7 546	5
安徽	440	9 581	84 018	130 127	98 973	430	2 815 311	2 224 945	2 644	27 031	68
福建	450	3 651	44 283	62 694	74 291	601	1 473 948	4 077 045	418	8 827	13
江西	338	4 976	44 345	68 808	24 224	554	1 785 096	3 688 880	394	16 716	124
山东	2 831	2 681	44 634	201 731	42 278	146	195 326	276 634	266	10 733	14

（续表）

地区	参与开展科技推广项目	现有站办示范基地面积	扶持指导科技推广面积	培训林农（人次）	协助办理林业有关证件份数（份）	参与森林保险工作站数	参保情况		查勘定损		设立森林保险服务站站数
							户数（户）	面积	数量（起）	面积	
河南	368	3 667	30 816	236 153	14 700	265	309 443	827 729	92	409	33
湖北	608	9 802	127 586	419 506	118 254	226	533 864	1 364 916	939	16 452	91
湖南	1 043	16 069	87 356	329 348	158 161	1 013	3 434 816	5 183 040	20 577	16 016	139
广东	50	2 709	16 109	12 743	68 663	283	285 815	949 175	386	7 563	16
广西	211	783	15 619	344 678	196 049	496	1 169 277	3 462 180	291	3 212	87
重庆	116	2 680	29 496	177 296	13 689	116	607 171	700 455	28	2 036	8
四川	622	12 083	151 984	1 163 660	172 818	798	3 481 316	6 238 066	534	10 206	193
贵州	379	23 642	104 405	419 514	38 225	963	2 560 697	4 497 690	12 983	29 014	96
云南	1 252	11 232	281 254	1 468 421	162 629	726	2 220 545	7 123 361	1 911	6 141	55
陕西	615	33 550	78 801	260 502	21 246	104	171 795	518 039	897	4 355	16
甘肃	89	3 495	16 024	285 877	1 489	46	166 336	138 175	5	101	
青海	4	49	32	21 124	26	51	49 670	120 808	804	1 372	3
宁夏	60	1 557	11 748	67 680	1 475	6	11 853	6 045	10 446	4 707	
新疆	420	65 971	173 308	1 104 707	5 221	9	10 271	31 739	565	3 523	6
新疆生产建设兵团	27	1 857	35 777	72 928	255	1	46	23 963			

数据来源：《中国林业和草原统计年鉴（2018）》。

林业工作站接受垂直管理，超过 70%的乡镇林业工作站或者是接受乡镇属地化管理，或者是接受双重管理，这使得乡村林业工作站受到乡镇地方政府"人、财、物"的管理，工作站权利被分化削弱，使其履行自身职责的效能降低，职能发挥难以保障（吴守蓉等，2015）。在人员编制、管理体制等条件的限制下，当前乡镇林业工作站推广林业科学技术，开展林业技术培训、技术咨询和技术服务等林业社会化服务职能还难以有效发挥。

2. 新型林业经营主体的培育

林业经营主体主要有：一般林农、联户经营、家庭农场、公司林场和股份合作五大类。《2016 集体林权制度改革监测报告》对五类林业经营主体有明确的定义。一般林农，是指通过集体林权制度改革"明晰产权、分山到户"政策经营自家自留山、责任山和租赁林地的经营主体。联户经营，是指由两家或两家以上的多个农户在自主自愿和明确利益分配的基础上，以亲情、友情、技术、资金等为纽带，联合共同承包经营一片或几片的集体林地，利益共享、风险共担，并通过协商达成一致的经营管理办法和利益分配机制等经营形式的经营主体。家庭农场，指将承包林地和经流转依法取得的林地集中，经营林地面积在 100—2 000 亩之间，主要以家庭成员为主要劳动力，从事林业规模化、集约化、商品化生产经营，并以林业收入为家庭主要收入来源的新型林业经营主体。公司林场，一般指以盈利为目的，从事林业生产经营而成立的组织，通常由股东共同出资设立股份组建公司，主要目的在于通过公司的林业经营活动获取林业利润。林业股份合作经营，指按照合作制的原则，吸收股份合作制的优势，山权不变，林权共享，兼有劳动力、资金、技术和土地等统一经营、统一管理的新型林业经营形式，农户以林地、林木或者劳动力入股的形式参与经营

　　　　　　　　　　　　以林为生：中国乡村林业的现实与发展研究

（国家林业局"集体林权制度改革监测"项目组，2017）。通常我们将后三类成为新型林业经营主体。[1]

　　新型经营主体能够克服小农面对市场是在资金、技术、市场等全方位的劣势，因而被认为是现代农业的基础。党的十八大报告明确提出，要培育新型经营主体，发展多种形式规模经营，构建集约化、专业化、组织化、社会化相结合的新型农业经营体系。事实上自 2013 年以来，每年的中央一号文件都强调要加快培育新型农业经营主体。[2]2016 年《国务院办公厅关于完善集体林权制度的意见》要求通过林权流转、建立多种利益联结机制、壮大规模经营主体来引导集体林适度规模经营。2017 年，中共中央办公厅、国务院办公厅发布《关于加快构建政策体系培育新型农业经营主体的意见》，第一次明确提出支持新型农业经营主体发展的政策框架，主要定位于构建培育和发展新型农业经营主体的政策体系。同年，国家林业局《关于加快培育新型林业经营主体的指导意见》指出要大力培养适度规模经营主体，要积极扶持林业专业大户，大力发展家庭林场，规范发展农民林业专业合作社，鼓励发展股份合作社，培育壮大林业龙头企业。在一系列政策的推动下，新型林业经营主体的规模从 2016 年的 18.4 万个发展到 2019 年的 27.87 万个，2018 年新型林业经营主体经营集体林地面积已达 6 亿亩，约占集体林面积的 30%。我国新型林业经营主体的发展已初见

---

[1] 农业领域一般将专业（种养）大户、家庭农场、农民合作社、农业产业化龙头企业和经营性农业服务组织称为农业新型经营主体。我们的文中主要依据《2016 集体林权制度改革监测报告》中的林业经营主体来划分。两者最大的差异是农业领域中的专业（种养）大户和经营性农业服务组织未包含在我们的分类中。不过这并不妨碍我们对林业新型经营主体的讨论，因为上述两类在领域不占主体地位。

[2] 详情请参考本书表 19。

成效。

但江西省对 10 个样本县长期监测结果表明，一般林农仍是林业经营主体最重要的组成。在江西的监测样本中，一般林农占林业经营主体的比重从 2009 年的 65.25% 上升到 2017 年的 79.68%。联户经营从 2009 年的 20% 下降至 2017 年的 8.48%（国家林业和草原局"集体林权制度改革监测"项目组，2019）。两者合计占林业经营主体的 85% 以上。而新型林业经营主体的占比不到 15%。

林业新型经营主体的发展依然面临挑战。例如：（1）林业经营资金短缺，融资困难；（2）林业科技服务供给不足；（3）扶持政策覆盖面窄、力度不足，农户利益保障不力；（4）发展能力不足，辐射带动能力不强；（5）与农民的利益联结机制不完善，各方利益联结风险认知不足，利益联结机制缺乏有效监管；（6）合作共赢意识不强；（7）林权流转困难等问题；（8）产业链短、产品附加值低等。我们对广西和云南部分县调查发现，部分林业专业合作社处于有名无实状态，甚至部分从未真正运营。要真正发挥林业新型经营主体衔接林农和市场的作用，一方面需要尊重市场规律，让有生命力的经营主体在市场竞争中不断发展壮大；另一方面也要注重从资金、技术、政策等方面给予扶持。

第四节　林业经济价值实现手段多样化

公益林和商品林的价值实现机制不同。按照《森林法》，森林可划分为防护林、特种用途林、用材林、经济林和薪炭林。按照主要用途划分，可将防护栏和特种用途归为公益林，将用材林、经济林和薪炭林归为商品林。依据《森林法》的分类经营管理原则,商品林由林业经营者依法自主经营。在不破坏生态的前提下,可以采取集约化经营措施,合理利用森林、林木、林地,提高商品林经济效益。而公益林只能进行抚育、更新和低质低效林改造性质的采伐,并在符合公益林生态区位保护要求和不影响公益林生态功能的前提下,经科学论证,可以合理利用公益林林地资源和森林景观资源,适度开展林下经济、森林旅游等。这意味着公益林和商品林有着截然不同的价值实现机制。对公益林而言,首先应当确保其生态效益,然后才能考虑其经济价值。对商品林而言,可以通过自主经营实现其经济价值。

1. 生态公益林的价值实现机制:健全资源有偿使用和生态补偿制度机制

生态公益林的价值实现机制首推生态效益补偿机制。生态公益林建设的主导目标是国家生态安全。按照 2019 年新修订的《森林法》的规定除一些特殊情形外,划入公益林的林地只能进行抚育、更新和低质低效林改造性质的采伐,但限制在公益林进行林业生产经营活动。从地役权的角度分析,将集体林地划归生态公益林,相当于国家(地役权人)利用农民的不动产(供役地,即划归为商品林的集体林地),以提高自己的生态效益(不动产的效益)。[1]国家通过将集体林地划归公益林,从农民手中获得了该林地的地役权;农民让渡地役权,则应当获得相应的经济补偿。实际上,

---

[1] 根据《民法典》,地役权的定义为地役权人有权按照合同约定,利用他人的不动产,以提高自己的不动产的效益。他人的不动产为供役地,自己的不动产为需役地。供役地权利人应当按照合同约定,允许地役权人利用其不动产,不得妨害地役权人行使权利。地役权人应当按照合同约定的利用目的和方法利用供役地,尽量减少对供役地权利人物权的限制。

早在 1998 年《森林法》从法律层面上规定"国家设立森林生态效益补偿基金，用于提供生态效益的防护林和特种用途林的森林资源、林木的营造、抚育、保护和管理。"从而在法律上确立了我国森林效益补偿制度。2019 年新修订的《森林法》则对森林生态效益补偿制度的实现途径做出具体的规定，即"国家建立森林生态效益补偿制度，加大公益林保护支持力度，完善重点生态功能区转移支付政策，指导受益地区和森林生态保护地区人民政府通过协商等方式进行生态效益补偿"，并强调中央和地方财政分别安排资金用于公益林的营造、抚育、保护、管理和非国有公益林权利人的经济补偿等。然而，当前生态公益林补偿仍然面临诸多问题。

1）财政主导型的生态补偿机制体现了公共支付原则，但未体现使用者支付原则和受益人支付原则

国际上对生态补偿机制有一些共同认同的原则。首先是污染者支付原则（the polluter-pays principle）。污染者支付原则是在 1970 年代发展起来的一种基本的经济理念，即指污染者应根据对社会造成的损害程度或超过可接受的污染水平（标准）来承担减少污染措施的费用的原则。使用者支付原则（the user-pays principle）是污染者付费原则的变体，即要求自然资源的使用者承担消耗自然资源的费用。其次是受益人支付原则（the beneficiary-pays principle）是指从不公正（例如环境污染）中获益的代理人，即使其是无辜的，也可能具有补偿不公正受害者的责任，至少当没有其他具有更多责任的代理人的时候，代理人应当负有该责任。受益人支付原则是国际上公认的生态补偿原则之一，从林业角度出发，我们可以认为它是指从森林生态建设中获益的受益人有责任支付森林生态建设的成本。再次是公共支付原则（a public-pays principle）。生态产品作为公共

品具有外部性，因此公众有责任就生态公共品的供给支付必要的成本。通常，生态补偿机制中的公共支付原则，是通过作为代理人的国家，向因生态建设付出必要成本的单位和个人进行财政转移支付的形式实现的。

但是当前森林生态补偿以财政资金为主导，只体现生态效益补偿中的公共支付原则，但未体现使用者支付原则和受益人支付原则。例如，以公益林生态补偿为例，2016 年中央和地方财政承担了 97.4% 的公益林生态补偿金（国家林业和草原局，2018）。其他"受益者"的资金只占公益林生态补偿总额的不到 2.5%。财政主导型的公益林生态补偿会导致两个可能的后果。其一，森林生态保护者和受益者的权责分离，会弱化受益者的生态保护意识。长此以往，受益者（社会、大众）容易形成政府是生态保护的单一责任者的意识，这将不利于全社会形成生态保护意识。其二，财政主导型补偿手段将增加政府的财政压力。我国大部分山区、林区经济相对落后，许多县级政府财政难以自给，政府运行很大程度上依赖中央和省级财政转移支付。在财政约束条件下，公益林生态补偿将成为地方财政的重大负担。地方政府显然难以持续、高强度地对生态保护进行财政投入，特别是许多集体林区经济相对落后，地方财政属于"吃饭型财政"类型，持续增加公益林生态补偿并不现实。这必将弱化地方政府的生态保护的动机。

2）完善"谁受益谁补偿"的支付原则，体现生态补偿机制中的使用者支付原则和受益人支付原则，破解补偿资金来源单一的困境

生态补偿机制中，使用者支付原则和受益人支付原则是生态补偿的市场化原则，可以破解生态补偿公共支付原则带来的巨大财政压力。"谁受益谁补偿"是对受益人支付原则的形象表述。早在 2005 年 10 月 11 日《中

共中央关于制定国民经济和社会发展第十一个五年规划的建议》就提出按照谁开发谁保护、谁受益谁补偿的原则，加快建立生态补偿机制。2016年5月13日国务院办公厅《关于健全生态保护补偿机制的意见》指出生态保护补偿机制的基本原则是责权统一、合理补偿；政府主导、社会参与；统筹兼顾、转型发展；试点先行、稳步实施。责权统一、合理补偿意味着谁受益、谁补偿，需要科学界定保护者与受益者权利义务，形成受益者付费、保护者得到合理补偿的运行机制。2019年新修订的《森林法》第一次将"指导受益地区和森林生态保护地区人民政府通过协商等方式进行生态效益补偿"写入法律条文，跨区域生态补偿将成为"谁受益谁补偿"原则的具体实现途径。

市场化的生态补偿机制可以有效弥补财政主导的补偿手段的不足，从而拓宽补偿渠道，引导社会公众积极参与。但我国对"谁受益谁补偿"的市场化生态补偿机制仍处于探索与发展阶段。例如，2007年福建实施以"江河下游地区的市、县（区）补偿上游地区生态公益林"为基本原则的跨区域生态效益补偿的探索。这是我国次探索跨区域生态效益补偿的尝试。具体来说，是以2005年城市工业用水和生活用水量为依据，综合考虑生态区位及其对流域的贡献大小和经济发展水平，确定各设区市承担补偿资金额度。各设区市补偿金承担额度采取"三年一定"，补偿资金由设区市政府负责在辖区内筹措，并通过年终结算上解省级财政。省级财政根据重点公益林面积和统一补偿标准计算有关市、县（区）补偿金。为确保资金到位，补偿金采用专款专调的方式下达到设区市。各设区市接到省级下达的专款文件后，立即通过支农专户或采用专款专调的形式将资金下达到有关县（市、区）。省财政厅、省林业厅应将各设区市政府筹集的补偿资金 8 590 万元并入中央和省级森林生态效益补偿基金统一管理，按照 2 元/亩标准对全省 4 294.3 万亩生态公益林的所有者进行补偿。[1]但总体上，虽然在我国典型流域和重点生态功能区等开展了跨地区横向生态补偿试点，但范围依然较小。现有技术条件下，仍难以科学有效地确定地区之间的生态关系、各地对跨地区生态补偿的依据、标准及方式等尚未达成共识，跨地区横向生态补偿的长效机制仍未建立。[2]甚至生态效益的定价机制仍处于不断地完善过程中。

3) 公益林的地役权价值与公益林分类补偿问题

正如笔者在第三章曾指出的那样，生态效益补偿标准低是我国生态补偿制度在执行中的突出问题。生态效益补偿标准低是当前生态补偿制度设计的结果，是公共支付原则下，生态补偿受制于财政约束，难以持续增加林业补偿投入的结果。

首先，国家级公益林森林生态效益补偿没有体现公益林的地役权价值，如果将生态效益补偿视为对地役权的补偿，那么理论上的补偿标准应等于地役权的价值，即将商品林林地划归生态公益林后，农民承受的损失部分。但当前生态效益补偿标准未能体现地役权的价值。以国家级公益林为例，依据 2014 年财政部和国家林业局联合制定的《中央财政林业补助资金管理办法》，集体和个人所有的国家级公益林补偿标准为每年每亩 15元，其中管护补助支出 14.75 元，公共管护支出 0.25 元。可见对集体和个

---

[1] 见福建省人民政府 2007 年 4 月 24 日颁发的《福建省人民政府关于实施江河下游地区对上游地区森林生态效益补偿的通知》（闽政文[2007]129 号）。
[2] 见彭文英、何晓瑶：《探索跨地区生态补偿的有效机制》，2019 年 11 月 28 日《经济日报》。

人所有的国家级公益林的补偿仅包括管护补助支出和公共管护支出，但没有补偿性支出。顾名思义，管护补助支出和公共管护支出是农民或集体对其所有的国家级公益林实施管护行为所获得的劳动补助。而补偿性支出是指农民因让渡地役权而获得的损失补偿。不过，财政部和国家林业局2016年印发的《林业改革发展资金管理办法》[财农〔2016〕196号]中，提及林业改革发展资金中用于森林资源管护支出的专项资金中，包括天然林保护管理补助和森林生态效益补偿补助。其中后者包含了集体和个人所有的国家级公益林管护补助支出，用于集体和个人的经济补偿和管护国家级公益林的劳务补助等支出。尽管该《办法》提及用于集体和个人的经济补偿，但这部分资金仍属公益林管护补助支出。

浙江省的集体林地公益林生态补偿制度设置的更为合理。据浙江省财政厅、林业局2019年1月31日联合颁布的《浙江省森林生态效益补偿资金管理办法》[浙财建（2019）10号]规定，浙江省对公益林的补偿资金分为补偿性支出和管护支出。补偿性支出是指用于对因认定为公益林，禁止商业性采伐而造成公益林所有权人或者使用权人收益损失的经济补偿。管护支出包括公益林护林人员管护费用、公共管护费用和管理费用。《办法》并没有规定补偿性支出的具体标准，但明确了最低补偿标准中林地所有权为集体的公益林（即集体和个人所有的公益林）管护支出标准为每亩5元，其中护林人员管护费用不低于每亩3.5元、公共管护费用不超过每亩1元、管理费用不超过每亩0.5元。对集体林地的公益林管护支出标准低于2014年财政部和国家林业局联合制定的标准，即每亩15元。不过，浙江省人民政府办公厅2020年《关于实施新一轮绿色发展财政奖补机制的若干意见》[浙政办发（2020）21号]，确定省级以上公益林最低补偿标准为33元/

亩，主要干流和重要支流源头县、淳安县等 26 个加快发展县、国家级和省级自然保护区的公益林补偿标准为 40 元/亩。以此推算，浙江省森林生态效益补偿中，对集体林地的公益林补偿性支出分布高达每亩 28 元和 35 元。

其次，国家级公益林生态效益补偿没有体现公益林的差异。财政部和国家林业局 2014 年的《中央财政林业补助资金管理办法》和 2016 年的《林业改革发展资金管理办法》都没能在国家级公益林生态效益补偿制度设计中体现分类经营思想，没有对公益林实施分类补偿。"一刀切"补偿标准，未能反映公益林林质量高低、生态服务功能大小，没有与公益林的投入和产出的生态效益相挂钩，没有考虑不同地区和不同管护成本的差异（陈秀庭，2019）。

事实上，各地方政府近年来都在尝试实施分类补偿改革。例如浙江从 2007 年开始在临安、开化两个县（市）启动重点公益林分类补偿、分档补助试点，遵循"优质优价、同质同价"的原则，根据重点公益林所处的不同区位、不同林分质量实行不同的补偿标准。试点工作尝试了三种不同的补偿办法。其一是二档分类补偿法，即按照林分质量、区块规模，将当地公益林分为"提高档"和"基本档"两类，对"提高档"实施更为严格的保护，明确禁止经营管理者进行任何形式的采伐，禁止从事有损于林木生长发育的经营性活动，并对"提高档"每亩补助 15 元，"基本档"每亩补助 12 元，同时对补偿标准实行动态管理，"提高档"公益林如森林火灾、盗伐等原因出现质量下降，则相应调低补偿标准。但从试点结果来看，"基本档"与"提高档"3 元/亩的档差偏小，差别难以体现。其二是三类分类补偿法，即将将公益林生流区位分为特殊保护区位、重点保护区位和一般保护区位，再根据林分质量、区块规模和管护要求将公益林划分为一类、二类、三类。对一类、二类公益林实施严格保护，禁止实施采伐、更新及生产经营活动，并对林农损失进行积极补偿。对三类公益林则按原有规定进行管理，根据林分状况可实施相应的抚育经营并发展"林下经济"。其三是自然保护区租赁补偿法，即对国家级自然保护区中权属为集体的公益林实施租赁补偿（周子贵等，2014）。浙江省人民政府办公厅2020年《关于实施新一轮绿色发展财政奖补机制的若干意见》[浙政办发（2020）21号]则将公益林分为一般的省级以上公益林和主要干流和重要支流源头县、淳安县等26个加快发展县、国家级和省级自然保护区的公益林两个类别，并分布给予不同标准的补贴。显然该奖补机制吸收了2007年试点工作中第二类生态补偿方法的做法。

福建省2018年11月1日起实施《福建省生态公益林条例》，规定省人民政府应当根据生态公益林的等级、质量、生态效益和居民消费价格指数等因素合理确定森林生态效益补偿标准。2019年省级以上生态公益林实行分类补助，对省级以上生态公益林分为两类，一类是经济林和竹林，另一类是乔木林和其他林。经济林和竹林每亩补助22元，补助标准不变；乔木林和其他林每亩补助提高1元，即每亩补助23元。当从实践上看，两类公益林的补助标准档差并未拉开。

青海省西宁市大通县依据《西宁市森林生态效益分类分档补偿试点方案》（宁办发〔2019〕73号）要求，在其辖区内选定朔北乡10个村为试点区域，开展森林生态效益分类分档补偿试点工作。大通县将朔北藏族乡鹞沟片区10个行政村的林地，按有林地蓄积量、灌木林地盖度、未成林造林地林木保存率分为有林地、灌木林地和未成林地三类，每类又分成两档，共计 20 979.3 亩进行差别化经济补偿，以提高林分质量。其中，有林地 2 406.4 亩（一档按每亩每年 25 元补偿、二档按每亩每年 20 元补偿）、灌木林地 14 404.6 亩（一档按每亩每年 15 元补偿、二档按每亩每年 10 元补偿）、未成林地 4 168.3 亩（一档按每亩每年 20 元补偿、二档按每亩每年 15 元补偿）。大通县希望借此改革，能够使试点区有林地每公顷蓄积量、灌木林地盖度和未成林地保存率比同等条件下其他地方分别增加 3%、1.5% 和 3%，并提升群众爱绿植绿护绿意识，促进林地林木生长量持续增长，森林质量持续提高，助力农民增收，实现经济发展和生态保护双赢。[1] 但该县森林生态效益分类分档补偿试点的实际效果还有待检验。

4）公益林的管护与公益林的开发使用政策

首先是公益林生态补偿与公益林管护脱节。公益林的生态价值与公益林的质量息息相关。但在公益林生态补偿标准低、缺乏分类补偿机制和补偿标准动态调整机制的情况下，补偿政策无法激发农民对公益林的管护与劳动投入。当前不管是国家公益林还是地方公益林的补偿政策中，虽然都有管护补助支出项目，但基本属于平均主义分配形式。管护补助与实际管护投入相互脱节，管护支出未能与公益林质量挂钩。此外，各级政府的目标差异导致上级政府更关注生态效益，下级政府更关注经济效益。因此，我们在实地调查中发现，在地方公益林的划定过程中，有些地区将不适合用于林业生产的林地划归生态公益林，既确保林农能够获得生态公益林补偿，又不影响林农的商品林经营。显然，这与划分公益林的初衷背道

---

[1] 见 2019 年 12 月 25 日大通回族土族自治县人民政府发布的《大通县森林生态效益分类分档补偿试点工作方案》（大政〔2019〕421 号）。http://www.datong.gov.cn/index.php? s=news&c=show&id=5560。

而驰。

其次公益林的开发使用政策不清。2019 年新修订的《森林法》除了规定"公益林只能进行抚育、更新和低质低效林改造性质的采伐"外，还为公益林的利用留下了政策空间，即"在符合公益林生态区位保护要求和不影响公益林生态功能的前提下，经科学论证，可以合理利用公益林林地资源和森林景观资源，适度开展林下经济、森林旅游等"。2020 年国家发改委、国家林草局、科技部等 10 个部门联合发布的《关于科学利用林地资源促进木本粮油和林下经济高质量发展的意见》[发改农经〔2020〕1753 号]"鼓励利用各类适宜林地发展木本粮油和林下经济。推动落实公益林发展林下经济管理规定，允许利用二级国家公益林和地方公益林适当发展林下经济"。这是新《森林法》颁布以来，首个有关利用公益林发展生产的文件。然而，现阶段各地对公益林的开发缺乏明确的政策和法律规范，从而使得公益林开发处于"模糊地带"。林下经济是指充分利用森林资源和林荫空间建立的以林为主，林下种植、林下养殖、森林景观利用和林下产品加工相结合的林业经营模式。种植茶树也属于林下种植业。但是，正如我们在导论中提及的云南西双版纳勐海县农民毁林种茶的案例，就属于茶树种植过度扩张导致的生态问题。因此，如何在确保生态效益的基础上，规范公益林开发是未来公益林使用与林下经济发展中必须要考虑的问题。

2. 商品林经济价值的实现

商品林经济价值需通过林业产业化来实现。林业产业投入不足是制约商品林经济价值实现的重要因素。从资金来源的角度而言，解决林业投入不足有两种途径。其一是增加社会资金对林业的投入。其二增加国家财政资金对林业的投入。国家财政资金对林业投入主要以生态建设与保护、林业支撑与保障为主，而用于产业发展与林业基础设施建设的资金极为有限。例如，2018年我国林业财政资金用于生态建设与保护、林业支撑与保障两项分别占中央财政和地方财政对林业投资额的 94.8% 和 85.8%，而用于林业产业发展和林业基础设施建设的财政资金，分别仅占中央和地方林业财政投入的 5.2% 和 14.2%。[1]与之相反，社会资金占林业产业发展投资的比重高达 74.5%。这意味着增加社会资金对林业的投入是解决林业产业投入不足的主要途径。

但当前社会资金投资林业的动力不足。这体现在社会资金投入自 2014 年达到高峰后，成微降趋势。表 18 显示全国林业投资中，社会投资金额从 2003—2014 年成上涨趋势，特别是 2008 年随着集体林权制度改革主体工作的展开和逐步完成，社会资金迅速增长，从 2008 年的 478.9 亿元增加到 2014 年的 2 694 亿元，但此后林业的社会投入资金逐年下降，至 2018 年下降至 2 384.6 亿元。这与前面讨论过的林权流转趋势变化一致。

当前，可以通过吸引工商资本和解决林业领域融资难、融资贵两大难题来吸引社会资金投资林业。

表 18　全国历年林业投资完成情况　　　　单位·亿元

年份	林业投资完成额			
	总额	其中：国家投入资金	社会投入资金	社会投入额占比
2003	407.3	313.8	93.5	23.0%
2004	411.9	322.6	89.3	21.7%

----

[1]　详见表 5。

年份	林业投资完成额			
	总额	其中：国家投入资金	社会投入资金	社会投入额占比
2005	459.3	352.8	106.5	23.2%
2006	495.8	371.5	124.3	25.1%
2007	645.8	448.6	197.1	30.5%
2008	987.2	508.3	478.9	48.5%
2009	1 351.3	710.5	640.9	47.4%
2010	1 553.3	745.2	808.1	52.0%
2011	2 632.6	1 106.6	1 526.0	58.0%
2012	3 342.1	1 245.4	2 096.7	62.7%
2013	3 782.3	1 394.2	2 388.1	63.1%
2014	4 325.5	1 631.5	2 694.0	62.3%
2015	4 290.1	1 629.9	2 660.3	62.0%
2016	4 509.6	2 151.7	2 357.8	52.3%
2017	4 800.3	2 259.2	2 541.0	52.9%
2018	4 817.1	2 432.5	2 384.6	49.5%

数据来源：《中国林业和草原统计年鉴》。

1) 吸引工商资本投资林业，完善与农户的利益联结机制

工商资本具有逐利性。工商资本进入林业，一方面可以带来资金、技术和先进的经营模式，加快传统林业改造和现代林业建设；另一方面工商资本长时间、大面积"圈地""囤地"，挤占林农民就业空间。因此，加强对工商资金"上山入林"的监管是大势所趋。表 19 摘录了 2013—2020 年中央一号文件对工商资本与新型经营主体的表述，可见从 2013 年中央一号文件首提"鼓励和引导城市工商资本到农村发展适合企业化经营的种养业，

探索建立严格的工商企业租赁农户承包耕地（林地、草原）准入和监管制度"，到 2015 年提及"尽快制定工商资本租赁农地的准入和监管办法，严禁擅自改变农业用途"，中央对工商资本的下乡的监管要求日益迫切。2015 年农业部、中央农办、国土资源部、国家工商总局联合下发了《关于加强对工商业资本租赁农地监管和风险防范的意见》，明确提出建立工商资本租赁农户承包地上限控制、分级备案、审查审核、风险保障金和事中、事后监督"五项制度"，强化对工商资本流转土地的监管和风险防范。2018 年修订的《土地承包法》首次从法律上规定"县级以上地方人民政府应当建立工商企业等社会资本通过流转取得土地经营权的资格审查、项目审核和风险防范制度。"

林业领域也在不断探索对工商资本的监管。从国家林业局公布的三个关于林权流转的文件看，2009 年国家林业局《关于切实加强集体林权流转管理工作的意见》（林改发[2009]232 号）未曾提及工商资本，更不用说是对工商资本流转林权的准入和监管。2013 年国家林业局《关于进一步加强集体林权流转管理工作的通知》（林改发[2013]39 号）提出工商企业等社会组织在林业产前、产中、产后服务等方面投资开发林业，带动农户发展林业产业化经营的，要充分尊重农民意愿，防止出现以"林地开发"名义搞资本炒作或"炒林"现象，探索建立工商企业流转林权的准入和监管制度。2016 年国家林业局《关于规范集体林权流转市场运行的意见》（林改发〔2016〕100 号）就指出"要严格林权流入方资格条件"，鼓励各地依法探索建立工商资本租赁林地准入制度，实行承诺式准入等方式，可采取市场主体资质、经营面积上限、林业经营能力、经营项目、诚信记录和违规处罚等管理措施，对投资租赁林地从事林业生产经营资格进行审查。2020

年 3 月，国家林业和草原局依据 2018 年修订的《土地承包法》和 2019 年修订的《森林法》和其他有关规定，制定了《工商企业等社会资本流转林地经营权管理办法（征求意见稿）》，对工商资本流转林地的审查审核条件、程序及分享防范做了明确的规定。

从乡村林业发展的视角而言，完善工商资本、新型林业经营主体与农户的利益联结机制是促进林农就业增收的关键环节。在市场经济条件下，小农在资金、技术、市场等环节处于全面弱势地位，因而难以适应现代林业的发展。工商资本则在资金、技术、生产组织形式、市场等方面处于优势地位。但工商资本的逐利性有可能使其与农民争利，从而伤害农民的利益。因此，工商资本进入林业的准入和监管制度的完善可以避免工商资本过度的扩张，规范工商资本的行为，有利于发挥工商资本的优势，加快乡村林业的现代化转型步伐，也可以防范和避免工商资本挤占农民就业空间、与农民争利的行为。

但对于乡村林业而言，工商资本除了可以加速现代林业的发展外，更重要的是如何与农民利益相衔接，从而促进农民就业和增加农民收入。因此建立工商资本、新型经营主体与农民的利益联结机制是我国农业、林业领域改革的重要内容。表 19 显示，自 2013 年以来历年中央一号文件都会不同程度地提及要建立新型经营主体与农户的利益联结机制，并且对利益联结机制的描述越来越具象化。因此，2018 年国家林业和草原局出台了《关于进一步放活集体林经营权的意见》（林改发〔2018〕47 号），明确鼓励和引导工商资本到农村流转林权，积极引导和支持规模经营的林业企业、林业专业合作社、家庭林场领办林业经营联合体，探索集体林经营权新的实现形式和运行机制，推广集体林资源变资产、资金变股金、农民变

表 19 2013—2020 年中央一号文件对工商资本、新型经营主体的表述

时间和文件名称	对工商资本的表述	对新型经营主体与农民关系的表述
2013年《中共中央国务院关于加快发展现代农业进一步增强农村发展活力的若干意见》	鼓励和引导城市工商资本到农村发展适合企业化经营的种养业，探索建立严格的工商企业租赁农户承包耕地（林地、草原）准入和监管制度。	推动龙头企业与农户建立紧密型利益联结机制，采取保底收购、股份分红、利润返还等方式，让农户更多分享加工销售收益。
2014年《中共中央国务院关于全面深化农村改革加快推进农业现代化的若干意见》	探索建立工商企业流转农业用地风险保障金制度，严禁农用地非农化。	扶持发展新型农业经营主体。鼓励发展混合所有制农业产业化龙头企业，推动集群发展，密切与农户、农民合作社的利益结关系。
2015年《中共中央国务院关于加大改革创新力度加快农业现代化建设的若干意见》	鼓励工商资本发展适合企业化经营的现代种养业，农产品加工流通和农业社会化服务。尽快制定工商资本租赁农地的准入和监管办法，严禁擅自改变农业用途。	加快构建新型农业经营体系。坚持和完善农村基本经营制度，引导土地经营权有序流转，创新土地流转和规模经营方式，积极发展多种形式适度规模经营，提高农民组织化程度。完善对粮食生产规模经营主体的支持服务体系。引导工商企业发展适合家庭农场、专业合作社经营的农业。深入推进示范社创建行动，促进规范发展。实行农民合作社年度报告公示制度，深入推进示范社创建行动。土地经营权流转要尊重农民意愿，不得下指标，强制推动。

时间和文件名称	对工商资本的表述	对新型经营主体与农民关系的表述
2016年《中共中央国务院关于落实发展新理念加快农业现代化实现全面小康目标的若干意见》	完善工商资本租赁农地准入、监管和风险防范机制。	完善农业产业链与农民的利益联结机制。促进农业产业加销紧密衔接，农村一二三产业深度融合，推进农业产业链整合和价值链提升，让农民共享产业融合发展的增值收益，培育农民参与新模式。支持供销合作社创办领办农民合作社，引领农民参与农村产业融合发展，分享产业链收益。创新发展农业，为农户提供稳定的原料生产基地。支持农业产业化龙头企业订单以土地经营权入股等方式，鼓励发展农民股份合作，引导农户自愿以土地经营权等入股发展农业，采取"保底收益＋按股分红"等方式，让农户分享合作社节售环节收益，建立健全风险防范机制。加强农产品加工流通和直供直销。支持合作社示范社建设，财政支农资金使用要与建立农民分享产业链利益机制相联系。
2017年《中共中央国务院关于深入推进农业供给侧结构性改革加快培育农业农村发展新动能的若干意见》	研究制定引导和规范工商资本投资农业农村的具体意见。	积极发展适度规模经营。大力培育新型农业经营主体和服务主体，通过股权流转、股份合作、代耕代种、土地托管等多种方式，加快发展土地流转型、服务带动型等多种形式规模经营，积极引导农民在自愿基础上，通过村组内互换并地等方式，实现按户连片耕种。完善家庭农场认定办法，扶持规模适度的家庭农场。

时间和文件名称	对工商资本的表述	对新型经营主体与农民关系的表述
2018 年《中共中央国务院关于实施乡村振兴战略的意见》	加快制定鼓励引导工商资本参与乡村振兴的指导意见，落实和完善融资贷款、配套设施建设补助，税费减免，用地等扶持政策，明确政策边界，保护好农民利益。	促进小农户和现代农业发展有机衔接。统筹兼顾培育新型农业经营主体和扶持小农户，采取有针对性的措施，把小农生产引入现代农业发展轨道。培育各类专业化市场化服务组织，推进农业生产全程社会化服务，帮助小农户节本增效。发展多样化的联合与合作，提升小农户组织化程度，帮助小农户对接市场，打造区域公用品牌，开展农超对接，扶持发展生态农业、设施农业、体验农业、定制农业，提高产品档次和附加值，拓展小农户增收空间。改善小农户生产设施条件，提升小农户抗风险能力。
2019 年《中共中央、国务院关于坚持农业农村优先发展做好"三农"工作的若干意见》		落实扶持小农户和现代农业发展有机衔接的政策，完善"农户＋合作社"、"农户＋公司"利益联结机制。
2020 年《中共中央国务院关于抓好"三农"领域重点工作确保如期实现全面小康的意见》	指出要引导和鼓励工商资本下乡，切实保护好企业家合法权益。	重点培育家庭农场、农民合作社等新型农业经营主体，培育农业产业化联合体，通过订单农业、入股分红、托管服务等方式，将小农户融入农业产业链。

股东的"三变"模式，增加农民财产收益和劳务收入。鼓励龙头企业和家庭林场（农户）或林业合作社以股份式、合作式、托管式、订单式等模式建立紧密的利益联结机制，让农民分享产业链增值收益。

当前新型林业经营主体与农民的利益联结机制还需进一步加强与完善。笔者在上一小节谈及新型林业经营主体的培育时成简单提及"与农民的利益联结机制不完善，各方利益联结风险认知不足，利益联结机制缺乏有效监管"。国家林业和草原局"集体林权制度改革监测"项目组发布的《2018年集体林权制度改革监测报告》分别对林业企业、林业专业合作社和家庭林场与农户利益联结机制面临的问题进行了很好的总结。林业企业与农户的联结机制主要的问题是共享资源品质不高，利益共享力度小，利益联结风险认知不足，风险管理制度不健全，社会责任信息披露制度不完善，利益联结机制缺乏有效监管。林业合作社与农户的利益联结机制的主要问题是林业专业合作社起步晚，社员参与率低，返利实现程度最低，相对农户需求差距大，统一代购、同一品牌、统一销售与农户需求差距较大，合作社与农户利益联结强度整体偏低、精密度不足。家庭农场与农户的利益联结机制的问题是契约意识淡薄，利益联结松散；发展资金严重缺乏，利益联系空间受阻；家庭林场综合发展能力不足，辐射带动作用不强；家庭林场主格局视野不宽，合作共赢意识不强；扶持政策覆盖面不宽，农户利益保障不力（国家林业和草原局"集体林权制度改革监测"项目组，2020）。笔者在西南地区部分县市的实地调研中发现，当前林区有许多新型林业经营主体（主要是林业合作社）结构松散、流于形式，因此未真正成为联结农民与市场的桥梁，更不用说建立与农民的利益联结机制。

2) 解决融资难、融资贵难题

融资难、融资贵是林业领域面临的重要问题之一。为了解决集体林地投融资难、融资贵的问题，新一轮集体林地确权完成后，浙江、福建、江西和辽宁开始探索林权抵押贷款。2008 年《中共中央国务院关于全面推进集体林权制度改革的意见》明确指出，在不改变林地用途的前提下，林地承包经营权人可依法对拥有的林地承包经营权和林木所有权进行转包、出租、转让、入股、抵押或作为出资、合作条件，对其承包的林地、林木可依法开发利用；大力发展对林业的小额贷款。完善林业信贷担保方式，健全林权抵押贷款制度。2009 年，人民银行、财政部、银监会、保监会、林业局联合发布《关于做好集体林权制度改革与林业发展金融服务工作的指导意见》强调要切实加大对林业发展的有效信贷投入；积极营造有利于金融支持集体林权制度改革与林业发展的政策环境。2013 年 7 月中国银监会与国家林业局联合印发《关于林权抵押贷款的实施意见》，明确提出林农和林业生产经营者可以用承包经营的商品林做抵押。2017 年 12 月，国家林业局与中国银监会、国土资源部联合印发《关于推进林权抵押贷款有关工作的通知》。《通知》明确，到 2020 年在适合开展林权抵押贷款工作的地区，林权抵押贷款业务基本覆盖，金融服务优化，林权融资、评估、流转和收储机制健全。各省也逐步出台了林权抵押贷款管理办法，规范林权抵押贷款，并取得了一定的成效。例如，江西 2014—2019 年间，全省新增林权抵押贷款分别为 20.59 亿元、17.45 亿元、13.53 亿元、12.34 亿元、15.66 亿元和 20.09 亿元，全省金融机构累计发放林权抵押贷款 217.54 亿元。江西的数据显示，2014—2017 年间新增林权抵押代理持续萎缩，2017 年《关于推进林权抵押贷款有关工作的通知》发布后，才逐渐回升。但正如第三章曾提及过，乡村林业领域投融资面临许多问题。融资难、融资贵仍是制约乡村林业发展和林农收入增长的重要因素之一。

此外，正如第三章所述，林业领域还有许多亟待解决的问题。例如，针对我国惠农富农强农政策对林业关注不够的局面，需加强对林业的政策倾斜，通过政策引导，激励社会资本对林业的投入。针对山区林区基础设施薄弱问题，需加强对林区的基础设施建设投入，尤其是对林区的主干道路、林业作业道路、仓储和物流设施的投入，降低林业生产成本等。

第五章　实践尝试：我国乡村林业的探索

本章主要围绕乡村林业发展如何促进农民就业增收这一核心环节，简要介绍了我国从中央到地方各级政府的乡村林业实践模式。笔者在选取这些实践模式时，不主张涵盖很多模式，而是考虑所选取的模式在全国乡村林业实践中的影响力，以及尽可能涵盖更多的领域。最终，本章所选取的模式主要围绕林权流转、林业贷款、生态建设与生态补偿、促进林区农民就业、林业产业化等方面。其中，涉及林权流转的有福建省重点生态区位商品林赎买政策、福建省南平市"森林生态银行"模式、江西林权流转奖补；涉及林业贷款的是福建省林权收储担保；涉及生态建设与生态补偿的有重庆森林覆盖率指标交易；涉及促进林区农民就业是生态护林员岗位制度；涉及林业产业化的是浙江省"一亩山万元钱"林业科技富民模式。

第一节　福建省重点生态区位商品林赎买制度

2012 年福建省林业厅《关于公布国家级生态公益林和省级生态公益林及重点生态区位商品林区划界定范围的通告》（闽林〔2012〕10 号）划定了977.37 万亩重点生态区位商品林。这些商品林位于重点生态区范围内，符合国家级和省级生态公益林区划条件，但未按有关规定和程序界定为生态公益林。因生态保护需要，省政府和各级政府相续对这些商品林实行暂停或限伐措施，但大部分林木没能享受补偿或补助，给林木所有者造成了很大的经济损失。为缓解生态保护与林农利益矛盾，福建省永安市 2014 年起开始探索重点生态区位商品林赎买改革。2015 年 7 月福建省林业厅和财政厅联合发布《关于开展重点生态区位商品林赎买等改革试点工作的通知》。2016 年《福建省人民政府关于健全生态保护补偿机制的实施意见》（闽政〔2016〕61 号）指出开展重点生态区位商品林赎买等改革试点，着力破解生态保护与林农利益间的矛盾，制定实施全省重点生态区位商品林赎买等改革试点方案，试点将重点生态区位内禁止采伐的商品林通过赎买、置换等方式调整为生态公益林，将重点生态区位外零星分散的生态公益林调整为商品林，促进重点生态区位生态公益林集中连片、森林生态服务功能增强和林农收入稳步增长。2016 年福建省在武夷山市、永安市、沙县、武平县、东山县、永泰县、柘荣县 7 个县（市）开展重点生态区位商品林赎买改革试点。为贯彻落实《国家生态文明试验区（福建）实施方案》和《福建省贯彻落实〈国家生态文明试验区（福建）实施方案〉任务分工方案》（闽政办〔2017〕9 号），保障福建省重点生态区位商品赎买等改革试点工作规范、有序开展，2017 年 1 月 12 日福建省人民政府办公厅颁布《福建省重点生态区位商品林赎买等改革试点方案》。当年，福建省又增加了建阳区、顺昌县、新罗区、诏安县、永春县、闽清县、福安市 7 个县（市、区）改革试点县，探索重点生态区位商品林赎买改革。

这项改革在意义在于：（1）将重点生态区位内商品林通过赎买、置换等方式逐步调整为生态公益林，将重点生态区位外现有零星分散的生态公益林调为商品林，从而优化生态公益林布局，有利于发挥森林的生态效益；（2）通过重点生态区位商品林通过赎买，有利于破解重点生态区位商品林采伐利用与生态保护的矛盾，维护林农合法权益。

赎买方式

福建省对重点生态区位商品林的赎买主要有赎买、租赁、置换和改造提升四种方式，此外福建省根据实际情况积极探索入股、合作经营等其他改革方式。[1]（1）赎买，是指在对重点生态区位内非国有的商品林进行调查评估的前提下，与林权所有者通过公开竞价或充分协商一致后进行赎买。赎买按双方约定的价格一次性将林木所有权、经营权和林地使用权收归国有，林地所有权仍归村集体所有。（2）租赁，是指政府通过租赁的形式取得重点生态区位内商品林地和林木的使用权，并给予林权所有者适当经济补偿。在租赁期间林地林木所有权不变，参照天然林和生态公益林管理。（3）置换，是指按照规定的程序和要求，将重点生态区位内的商品林与重点生态区位外现有零星分散生态公益林进行等面积置换。（4）改造提升，是指对除铁路、公路干线两侧和大江大河及其主要支流两岸规定范围内的人工"重点三线林"外，其他的重点生态区位中杉木、马尾松、桉树等人工纯林的成过熟林，适当放宽禁伐单片面积限制，允许以小班为单位进行改造，采伐后不再新种桉树，及时营造乡土阔叶树种或混交林，并根据规划逐步纳入生态公益林管理。这种方式在部分县被称为合作经营。[2]每种赎买方式都有其优势和劣势。国家林业和草原局"集体林权制度改革监测"项目组曾对此进行了非常到位的总结和比较（表20）。各县市在重点生态区位商品林赎买过程中通常依据各自情况选择适合的方式进行赎买。例如，南平市光泽县

---

[1] 见 2017 年 1 月 12 日福建省人民政府办公厅颁布《福建省重点生态区位商品林赎买等改革试点方案》。

[2] 见 2015 年 11 月 13 日《顺昌县重点生态区位商品林赎买实施方案》。http://www.fjsc.gov.cn/cms/siteresource/article.shtml? id= 5403542320143700008&siteId= 30128192028350000。

仅采用了赎买和租赁两种方式,而同属南平市的政和县仅采用赎买方式。[1]
当然,赎买是最常用的手段。以漳州为例,2017年《漳州市重点生态区位商品林赎买等改革试点工作方案》对"十三五期间(2016—2020)"漳州市下辖的东山县、诏安县、长泰县和南靖县重点生态区位商品林改革试点任务分解时,采用赎买方式的面积占总赎买面积的60%,而且这份发布于2017年的文件,在分解2017—2019年度任务时没有采用租赁方法而改为采用赎买方法赎买重点生态区位商品林。这意味着漳州市在2016年采用租赁方法赎买了0.8万亩重点生态区位商品林后,放弃了租赁手段,而全部采用赎买手段实施重点生态区位商品林赎买政策。事实上,截至2017年11月30日,福建全省已赎买的20.75万亩重点生态区位商品林中,采用赎买方式赎买的约65.2%,采用租赁方式赎买的约占28.4%,采用其他手段的约占手段6.5%(国家林业和草原局"集体林权制度改革"项目组,2018)。

表20 重点生态区位商品林赎买模式比较

赎买模式	优　　势	劣　　势
赎买	① 切实补偿林权所有者的经济利益,能够从根本上解决重点生态区位商品林目前存在的社会不稳定问题;② 林木所有权一次性买断,方便林业部门后续管理;③ 一次性回收资金,让山上的"死钱"变成"活钱",提高了林权主体收入。	① 收储资金负担沉重;② 林地使用权期限不一使操作困难;③ 赎买后的经营管护问题无明确政策依据;④ 林权权利人丧失了继续经营林地和林木的权利,部分林权权利人担心未来林地及林木价值提高而导致收益受损,被赎买意愿不高。

[1] 2017年3月22日《光泽县重点生态区位商品林赎买实施方案》。http://www.guangze.gov.cn/cms/siteresource/article.shtml? id= 6804080671994100000&siteId= 500162444407860000;2017年9月30日《政和县人民政府关于印发南平市国家储备林质量精准提升工程项目政和县重点生态区位商品林赎买项目实施方案(试行)的通知》(政人综〔2017〕282号)。http://www.zhenghe.gov.cn/cms/infopublic/publicInfo.shtml?id=4305145140270100000&siteId=4305066487809900000。

赎买模式	优　势	劣　势
租赁	① 相对灵活，租赁方约定每年给付林地使用费或一次性给付租赁期间林地使用费，资金占有量较少，赎买资金负担较轻；② 只取得重点生态区位内商品林地和林木的使用权，并予以林权所有者适当经济补偿，在租赁期间以较小的代价缓解林农权益与生态保护的矛盾。	① 租赁到期后林木林地处置问题模糊，给未来留下隐患；② 存在较多不稳定因素，经营风险大，如林权主体可能因为林地市场价值的变化造成违约；③ 租赁期限普遍较短，增加了大量工作量，后续租赁资金难以保证；④ 租赁价格普遍偏低，林权主体租赁意愿不高。
改造提升	① 大幅降低赎买成本，提高赎买资金使用效率；② 改造提升后由林权权利人继续经营，既避免了林地经营纠纷又能实现可持续经营；③ 将林分逐步由单一树种、单一林层的人工针叶改造提升为阔叶林或针阔混交复层林，有利于树种结构优化调整，提高林分质量，提升生态功能；④ 改造提升后纳入生态公益林储备库，可以适时调整出一部分被划入生态公益林的人工针叶纯林，优化生态公益林布局。	① 虽然规定改造提升后按照生态公益林管理，但由于没有纳入生态公益林范畴，森林生态效益补偿金需要由试点县（市、区）财政自行解决，地方财政负担较重；② 改造提升的技术规程要求较高，监管困难；③ 当前的改造提升补贴标准只能弥补造林当年的造林和抚育成本，而针阔混交林后期抚育及采伐成本远远高于人工纯林，林权权利人有一定的利益损失。
置换	置换后的林地划入生态公益林，破解当前部分生态公益林小班不在重点生态区位和不连片等问题，使生态公益林规模、结构、布局更加合理，森林生态功能更加完善，林权主体获得等面积林地，权益得到保障。	① 集体林权制度改革后，村集体预留的林地很少，一般低于10%，大多是灌木林、偏远的天然林、风水林，不具备置换条件；② 零星分散的生态公益林一般是地处偏远和不具备经营条件的林地，林权主体置换意愿很低。

注：表格源于国家林业和草原局"集体林权制度改革监测"项目组《2017 集体林权制度改革监测报告》，第 70—71 页。

赎买资金

重点生态区位商品林赎买资金主要以各市、县（区）政府自筹为主，森林资源补偿费县级分成部分可作为赎买经费，省级财政采取先做后补、以奖代补形式给予试点补助。[1]财政资金主要包括省级财政项目补助；市级财政筹集，主要为赎买专项资金补助；试点县市财政自筹资金，包括试点县市专项资金、上级返还林业育林费、森林植被恢复费、森林资源补偿费等。除了财政资金，重点生态区位商品林赎买资金还包括社会募集资金和个人捐赠资金，及赎买后有关征占用林地、经营利润收入和赎买后商品林转化为生态公益林的补偿费等（张江海和胡熠，2019）。

后续管护

落实管护责任主体。重点生态区位内的商品林赎买后，确认林木所有权和林地使用权收归国有，由当地政府交由县级国有林场或其他国有森林经营单位进行统一经营管理，落实管护主体，实行集中统一管护，确保国有资产保值增值。租赁的重点生态区位商品林与生态公益林、天然林的管护结合起来，由乡镇聘请护林员划片区进行统一集中管护。

赎买后重点生态区位内的商品林应根据林分状况，制定适宜的经营管理措施。对针叶纯林，应根据林分生长状况，适时采用抚育间伐、择伐、林下补植乡土阔叶树等营林措施，逐步改培成针阔混交林或以阔叶树为优势树种的林分，改善和提升其生态功能和景观功能。对适宜发展林下种植的，应精准施策，科学发展林下经济，增加林农收益。

---

[1] 见 2014 年《福建省人民政府办公厅关于开展生态公益林布局优化调整工作的通知》（闽政办〔2014〕160 号）。http://www.fujian.gov.cn/zwgk/zfxxgk/szfwj/jgzz/nlsyzcwj/201412/t20141231_1476991.htm。

对福建省重点生态区位商品林赎买制度的主要评析

商品林赎买制度为了解决生态保护过程中重点生态区商品林采伐潜在风险、林农要求采伐利用与生态保护的矛盾提供有益尝试；将重点生态区位内商品林通过赎买、置换等方式逐步调整为生态公益林，将重点生态区位外现有零星分散的生态公益林调为商品林，破解当前部分生态公益林不在重点生态区位内和不连片等问题，进一步优化生态公益林布局，使生态公益林规模、结构、布局更加合理，森林生态功能更加完善。

但目前该制度仍需进一步完善。

1) 商品林赎买的资金主要来源于财政资金，特别是区县政府自筹资金，由于重点生态区主要位于山区等落后地区，这必将加重县政府财政负担；依赖社会捐赠的资金占比过高，且捐赠资金有下降趋势（林琰等，2017；刘金龙等，2018）。要保障商品林赎买政策的持续性，必须要从制度层面保障赎买资金的来源。商品林赎买后逐步调整为公益林。考虑到公益林的公共品属性，中央或省级财政应负担更多的赎买费用。

2) 商品林定价机制有待完善。福建省政府对重点生态区位商品林赎买价格没有明确的指导价格，仅规定各县（市、区）政府根据实际情况确定。在实际操作过程中，赎买是在重点生态区位商品林禁伐政策下展开的，禁伐政策抑制了林农对商品林收入的预期。赎买双方主要是政府和林农，两者的地位不对等。虽然改革尝试引入市场化的定价机制，但总体上政府在价格制定、交易达成中仍然占据绝对的主导地位（王季潇等，2019）。例如永安市 2014 年天然林和人工林赎买均价分别为 17 865 元/公顷和 32 790 元/公顷，但 2015 年的赎买均价分别涨至 19 485 元/公顷和 41 010元/公顷，涨幅分别达到 9% 和 25%（傅一敏等，2018）。表 21 显示，福建

表 21 福建省部分县（市、区）重点生态区位商品林赎买价格[1]

地区	赎买价格确定方式	平均赎买价格
武夷山市	公开竞价或协商方式	杉木 456 元/立方米；马尾松 200 元/立方米；阔叶树 200 元/立方米
永安市	按参考价协商、公开招投标或集合竞价方式	赎买 1 210—1 430 元/亩；合作改造给予 500 元/亩补助
沙县	协议、公开招投标、集合竞价等方式	天然商品林赎买 3 000 元/亩，人工商品林赎买 5 000 元/亩，采伐迹地造林更新每亩补助 800—1 200，人工促进天然更新每亩补助 500—800 元。经省林业厅批准并列入重点生态公益林储备库的小班，每亩补助 1 000 元 2020 年购买指导价杉木 2 100 元/亩；马尾松 2 100 元/亩；阔叶树 2 100 元/亩；改造提升指导价格：1 000 元/亩[2]
武平县	采用协议的方式	商品林年龄在 16 年以上（含 16 年）的按每亩不高于 1 500 元；年龄 16 年以下的按每亩不高于 1 000 元。租赁按当前生态公益林补助标准 16.75 元/（亩·年）为基数
东山县	调查评估，充分协商	具体赎买、租赁的价格经县政府常务会研究通过后另行制定
永泰县	采用协议的方式	2 000 元/亩
柘荣县	采用协议、折价入股、公开招投标、集合竞价四种方式	850 元/亩
建阳区	公开招投标或集合竞价	林木所有权赎买按 5 500 元/亩，林地补偿按 6 500 元/亩计算，资金投入按每亩 1.6 万元测算
顺昌县	采用公开招投标或集合竞价等方式	2 200—4 500 元/亩
新罗区	采用协议的方式	不高于 3 500 元/亩。收储、置换、租赁、入股等各种形式赎买，以现行省级生态公益林补助标准 18.60 元/（亩·年）

以林为生：中国乡村林业的现实与发展研究

地区	赎买价格确定方式	平均赎买价格
诏安县	公开竞价或充分协商	按照不同树种、林龄价格区间及评估价 800—2 800 元/亩不等
永春县	公开竞价或充分协商	改造提升一次性补助 500 元/亩
闽清县	协商，公开竞价	林地租赁价格 10.5—13 元/（亩·年）不等
福安市	双方协商，按最低赎买价或评估指导价赎买	1 100 元/亩
南靖县	采用协议的方式	针叶树商品林：林分年龄 20 年以上的为每亩 3 000 元至 5 000 元；10—19 年的为每亩 2 000 元至 4 000 元；低于 10 年的不超过 3 000 元 桉树商品林：林分年龄 6 年以上的为每亩 3 000 元至 5 000 元；年龄在 1—5 年的为每亩 2 000 元至 4 000 元
政和县[3]	协议、公开招投标、集合竞价	杉木林：幼龄林 2 100—3 300 元，中龄林 500—600 元/立方米；近、成、过熟林 650—700 元/立方米 松木、阔叶树：原木：300 元/立方米；非规：260 元/立方米

[1]. 表格的主体来源于国家林业和草原局"集体林权制度改革监测"项目组《2017 集体林权制度改革监测报告》。笔者补充了部分县的资料。

[2]. 见 2020 的赎买价格见 2020 年 4 月 16 日《沙县天然商品林及重点生态区位商品林赎买等改革公告》，http://www.fjsx.gov.cn/zwgk/gggs/202004/t20200416_1522954.htm。

[3]. 见 2017 年 9 月 30 日《政和县人民政府关于印发南平市国家储备林质量精准提升工程项目政和县重点生态区位商品林赎买项目实施方案（试行）的通知》（政人综〔2017〕282 号）。

各县对重点生态区位商品林赎买价格的差异很大。例如，柘荣县赎买价格为 850 元/亩，而沙县的价格是天然商品林赎买 3 000 元/亩，人工商品林赎买 5 000 元/亩，约为柘荣县赎买价格的 3—6 倍。这反映了农民缺乏定价权后，商品林定价的不稳定性。现有的定价机制中，重点关注林木产权的定价，但对林地使用权的估价关注不够。因此，要完善商品林定价机制，不仅要引入市场化的定价机制，更要考虑林农进行林权流转的机会成本，将林地经营预期收益纳入赎买定价机制。

3）商品林赎买政策对民生问题关注不够。重点生态区位内的商品林赎买后，林木所有权和林地使用权收归国有，由当地政府交由县级国有林场或其他国有森林经营单位进行统一经营管理。林地作为林农最重要的生产资料，具有社会保障功能。一旦商品林的所有权、经营权和林地使用权被赎买，意味着林农失去了主要生产资料。租赁的重点生态区位商品林与生态公益林、天然林的管护结合起来，由乡镇聘请护林员划片区进行统一集中管护。这也意味着仅有占农场人口极少数的护林员才有可能采用管理。因此，如何保障失去林地使用权的林农的就业增收问题，是政策制定者不得不考虑的问题。

4）商品林赎买政策重赎买轻管护。虽然通过商品林赎买，将重点生态区位商品林逐步调整为生态公益林，破解了当前重点生态区位公益林不连片等问题，从而使生态公益林规模、结构、布局更加合理，森林生态功能更加完善，但政策对赎买后林地和林木管护问题还需更多的政策支持（林琰等，2017）。林木所有权、经营权和林地使用权被赎买后，林农与林木、林地缺乏利益联结，也失去了对森林资源看护的动机，甚至会滋生林木盗伐、肆意侵占林权等违法行为。商品林赎买后，由当地政府交由县级国有林场或其他国有森林经营单位进行统一经营管理，但多数林地地处偏僻，看护成本高企。所以政策制定者还需改变目前重赎买轻管护的政策倾向，对赎买后的商品林管护做出制度性的安排。

以林为生：中国乡村林业的现实与发展研究

5) 福建省重点生态区位商品林赎买政策的初衷是通过对重点生态区位商品林的赎买、置换，达到将重点生态区内禁止采伐的商品林调整为生态公益林，将区外零星分散的生态公益林调整为商品林。但目前政策强调赎买忽视调整，也即是说，对区外零星分散的生态公益林如何调整为商品林缺乏明确的政策指导。这可能造成生态公益林的扩张和商品林的压缩，从而对林农就业增收带来负面影响。

6) 虽然经赎买的商品林没有改变土地的归属性质，但确实改变了林地的经营主体和受益主体。一旦政策过度推广，可能造成国有林的过度扩张和集体林的萎缩，形成"国进民退"的格局。这显然与乡村林业的发展背道而驰。因此，如何适度地推广重点区位商品林赎买政策是政策制定者必须要考虑的问题。

第二节　福建省南平市"森林生态银行"[1]

按照"政府主导、农户参与、市场运作、企业主体"的原则，福建省南平市顺昌县国有林场控股、8个基层国有林场参股，成立福建省绿昌林业资源运营有限公司，注册资金3000万元，作为顺昌"森林生态银行"的市场化运营主体。公司下设数据信息管理、资产评估收储等"两中心"和林木经营、托管、金融服务等"三公司"，前者提供数据和技术支撑，后者负责对资源进行收储、托管、经营和提升；同时整合县林业局资源站、国

---

[1]　2020年自然资源部将福建省南平市"森林生态银行"案例列为《生态产品价值实现典型案例》之一。这部分内容主要引用了2020年4月《自然资源部办公厅关于〈生态产品价值实现典型案例〉（第一批）的通知》。

有林场伐区调查设计队和基层林场护林队伍等力量，有序开展资源管护、资源评估、改造提升、项目设计、经营开发、林权变更等工作。

全面摸清森林资源底数。对全县林地分布、森林质量、保护等级、林地权属等进行调查摸底，并进行确权登记，明确产权主体、划清产权界限，形成全县林地"一张网、一张图、一个库"数据库管理。通过核心编码对森林资源进行全生命周期的动态监管，实时掌握林木质量、数量及分布情况，实现林业资源数据的集中管理与服务。

推进森林资源流转，实现资源资产化。鼓励林农在平等自愿和不改变林地所有权的前提下，将碎片化的森林资源经营权和使用权集中流转至"森林生态银行"，由后者通过科学抚育、集约经营、发展林下经济等措施，实施集中储备和规模整治，转换成权属清晰、集中连片的优质"资产包"。为保障林农利益和个性化需求，"森林生态银行"共推出了入股、托管、租赁、赎买四种流转方式：有共同经营意愿的，以一个轮伐期的林地承包经营权和林木资产作价入股，林农变股东，共享发展收益；无力管理也不愿共同经营的，可将林地、林木委托经营，按月支付管理费用（贫困户不需支付），林木采伐后获得相应收益；有闲置林地（主要是采伐迹地）的，可以租赁一个轮伐期的林地承包经营权以获得租金回报；希望将资产变现的，可以按照顺昌县商品林赎买实施方案的要求，将林木所有权和林地承包经营权流转给生态银行，林农获得资产转让收益。同时，"森林生态银行"与南平市融桥担保公司共同成立了顺昌县绿昌林业融资担保公司，为有融资需求的林业企业、集体或林农提供林权抵押担保服务，担保后的贷款利率比一般项目的利率下降近 50%，通过市场化融资和专业化运营，解决森林资源流转和收储过程中的资金需求。

开展规模化、专业化和产业化开发运营，实现生态资本增值收益。实施国家储备林质量精准提升工程，采取改主伐为择伐，改单层林为复层异龄林、改单一针叶林为针阔混交林、改一般用材林为特种乡土珍稀用材林的"四改"措施，优化林分结构，增加林木蓄积，促进森林资源资产质量和价值的提升。引进实施 FSC 国际森林认证，规范传统林区经营管理，为森林加工产品出口欧美市场提供支持。积极发展木材经营、竹木加工、林下经济、森林康养等"林业+"产业，建设杉木林、油茶、毛竹、林下中药、花卉苗木、森林康养等 6 大基地，推动林业产业多元化发展。采取"管理与运营相分离"的模式，将交通条件、生态环境良好的林场、基地作为旅游休闲区，运营权整体出租给专业化运营公司，提升森林资源资产的符合效益。开发林业碳汇产品，探索"社会化生态补偿"模式，通过市场化销售单株林木、竹林碳汇等方式实现生态产品价值。

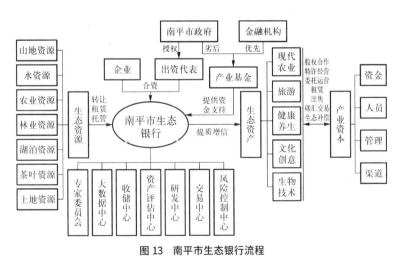

图 13 南平市生态银行流程

图片来源：崔莉、厉新建和程哲，2019。

福建省南平森林生态银行模式，借鉴了商业银行"分散化输入、整体化输出"的模式，构建"森林生态银行"这一自然资源管理、开发和运营的平台，对碎片化的森林资源进行集中收储和整合优化，转换成连片优质的"资产包"，引入社会资本和专业运营商具体管理，打通了资源变资产、资产变资本的通道，提高了资源价值和生态产品的供给能力，促进了生态产品价值向经济发展优势的转化。

"森林生态银行"模式搭建了资源变资产成资本的转化平台，破解了生态资源价值实现的难题，创新了自然资源资本化融资主体，其关键在于：

1) 要实现"分散化输入"，实现"资源变资产"，必须建构完善的产权交易平台，包括建立明确的产权界定、市场化的资产评估和定价机制、规范的产权交易流程、完善的政府监督机制、完备的法律法规保障体系，优化公司与林农之间的利益分配体系，提升各方的积极性。

2) 要实现"整体化输出"，实现"资产变资本"，需做好与外部资源对接。资产变资本阶段与外部资源对接难度较大。在项目策划方面，还要加大力度对接市场、资本需求，提高业态策划水平和项目对接成功率。资本投入阶段管理有待加强。通过"整体化输出"，将个体林农分散经营模式转换成"龙头企业+（合作社）+林农"经营模式，解决了小农经营中面临的资本、技术和市场困局，增强了林农的抗风险能力。但值得注意的是，将林农与龙头企业捆绑也令林农面临信息不对称风险，龙头企业面临的风险可能被转嫁给林农。因此，要强化项目运营风险管控，明晰利益各方的权责，完善信息沟通机制，合理保障各方的正当利益，也使各方明晰各自的风险。

3) 要确保项目的生态效益，必须强化生态风险管控。政府可在利用森林资源分布、森林质量、保护等级、林地权属摸底的基础上，进一步强化对森林资源的全生命动态监督，特别是做好进入森林生态银行，实现"整体化输出"的林地的监督监控，以确保林地经营主体对林地的保护、开发和利用，真正实现林地的经济效益、社会效益和生态效益。

第三节　林权抵押贷款模式探索：
福建省林权收储担保

林权收储担保是福建省对林权抵押贷款改革的探索成果。2008 年《中共中央国务院关于全面推进集体林权制度改革的意见》（中发〔2008〕10 号）首次提出要对接林业投融资改革。2013 年银监会和国家林业局共同出台了《关于林权抵押贷款的实施意见》（银监发〔2013〕32 号），细化了对林权抵押贷款的抵押范围、申办流程、风险防范等措施。各省开始积极探索林权抵押贷款。2013 年 8 月 1 日，福建省人民政府印发《关于进一步深化集体林权制度改革的若干意见》（闽政〔2013〕32 号），提及由福人集团有限责任公司牵头成立省一级林木收储中心、担保机构，参与成立林业金融专营机构。有条件的地方，可由市、县（区）林业投资公司成立林木收储中心，对林农林权抵押贷款进行担保，并对出险的抵押林权进行收储，有效化解金融风险。林木收储中心和林业担保机构为林农生产性贷款提供担保的，由省级财政按年度担保额的 1.6% 给予风险补偿。2015 年 6 月 4 日福建省人民政府印发《关于推进林业改革发展加快生态文明先行示范区建设九条措施的通知》（闽政〔2015〕27 号）提出加快推进森林资源资产评估、林业抵押担保等平台建设，扶持省级林木收储平台建设，引导有条件的市、县（区）建立林木收储平台，推动林业资源向资本转化。2016 年 6 月 16 日福建省人民政府办公厅印发《关于持续深化集体林权制度改革六条措施的通知》（闽政办〔2016〕94 号）提出加快林权收储机构建设，有条件的设区市和重点林区县（市、区）都要成立林权收储机构，并提出至 2020 年，全省成立政府主导为主、规范有效运转的林权收储机构 50 个以上，实现重点林区全覆盖，有效防控金融风险。2016 年 11 月，《国务院办公厅关于完善集体林权制度的意见》（国办发〔2016〕83 号）提出建立健全林权抵押贷款制度，鼓励银行业金融机构积极推进林权抵押贷款业务，适度提高林权抵押率，推广"林权抵押＋林权收储＋森林保险"贷款模式和"企业申请、部门推荐、银行审批"运行机制；鼓励和引导市场主体对林权抵押贷款进行担保，并对出险的抵押林权进行收储。各地可采取资本金注入、林权收储担保费用补助、风险补偿等措施支持开展林权收储工作。这标志着福建林权收储担保改革探索得到中央政府的认可和在全国范围的推广。

本质上，林权收储担保是林权抵押贷款的模式之一。林权收储担保是从事林业生产经营或者其他与林业经济发展相关的生产经营活动的个人农户、林业专业合作社、林业企业、林产品加工企业以及农村集体经济组织等，以其依法拥有的森林资源资产作抵押，向银行业金融机构贷款时，政府依托县国有林场组建县的林木收储中心，以自有的森林资源资产为担保，对借款人林权抵押贷款提供贷款担保，承担连带责任；当借款人未能按合同或协议约定清偿债务时，林权收储中心将抵押物（森林资源资产）依法收储，并通过协商折价竞价交易、转让经营权、林木采伐等途径变现林权，以实现归还贷款本息。林权收储担保的核心业务是为林权抵押贷款提供担保服务，收储业务仅在担保的林权抵押贷款出现信用违约时才可能发生。

　　林权抵押担保收储的范围包括人工商品用材林的林木所有权和使用权及相应林地使用权；用材林、经济林、薪炭林的采伐迹地、火烧迹地的林地使用权；国家规定可以抵押的其他森林的林木所有权、使用权和林地使用权。以森林或林木资产抵押的，可以要求其林地使用权应当同时抵押，但不得改变林地的性质和用途。

　　林权收储担保的实施步骤如下（见图 14）：

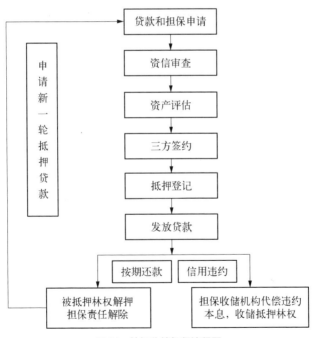

图 14　林权收储担保流程图

注：本图来自国家林业和草原局"集体林权制度改革监测"项目组（2017）。

（1）借款人向金融机构提出并达成林权抵押贷款意向后，向县林木收储中心提出担保申请、委托办理林权价值评估事宜。（2）县林木收储中心对林权抵押人提供的林权是否真实、权属是否清晰、林权抵押人是否有权处分及客户个人和借款人项目建设信息等相关情况进行初步调查和审查。进入县林木收储中心担保收储的林权，由林权抵押人委托有评估资质的中介机构评估，出具评估咨询报告。（3）收储机构会同金融机构对林权评估结果及借款人、林权抵押人资信情况进行审查确认、并确定贷款额度，由县国有林场为借款人提供保证，林权抵押人以林权向县林木收储中心提供反担保。借款人、林权抵押人、银行业金融机构、县林木收储中心四方签订《林权抵押贷款担保收储协议书》。（4）借款人、林权抵押人与银行业金融机构签订《借款合同》和《抵押合同》后，向县林权管理登记中心申请林权抵押登记。（5）银行确认、发放贷款。银行业金融机构根据林权抵押人提供的《林权抵押登记证明书》、《林权抵押贷款担保收储协议书》、《抵押合同》和《借款合同》发放贷款。（6）借款人在林权抵押贷款出现风险或到期后，如未能按合同或协议约定偿还银行贷款本息的，将触发收储程序。首先由银行业金融机构或抵押人或借款人凭《林权抵押贷款担保收储协议书》，申请将所抵押的森林资产由县林木收储中心收储处置，收储价格为林权抵押贷款本息。接着，县林木收储中心依照《林权抵押贷款担保收储协议书》，对实物资产进行逐项盘点、登记造册。按规定履行审核批准程序后，林权抵押人所欠的贷款本息由县林木收储中心在 3 个月内先予支付给银行业金融机构。县林木收储中心收储抵押林权后，由县林木收储中心处置抵押物，处置方式可以由林权抵押人和县林木收储中心议定转让变现价转让，也可采取对外公开变卖拍卖及县林木收储中心自行经营采伐等形式。林权资产处置所得款项扣除尚未清偿的贷款本息（含本期期限内的利息）和必要的支出费用后，差额部分返还给林权抵押人。如果所得款项不足抵扣的，县林木收储中心有权向林权抵押人追回剩余债权。

福建林权收储担保模式化解了林权融资最后一公里的难题，至少存在以下四个方面的优势：

1) 降低抵押物保全和处置风险。金融机构的抵押贷款业务通常会遭遇抵押物的保全与处置风险。林权收储担保模式中，作为专业担保机构的林权收储机构大多依托于有森林经营权、森林资源调查规划资质和专业护林队伍的林业企业或国有农场。这些机构可以降低抵押物的资产受损风险，保护资产安全，从而降低抵押物保全风险。同时，一旦借款人出现信用违约行为，林权收储机构可以负责对抵押物的收储，也降低了金融机构的抵押物处置风险。

2) 降低了抵押贷款的交易成本。在林权抵押贷款中，金融机构需要收集和甄别贷款人的信息，评估抵押物的价值，审查贷款用途等。由于交易双方的信息不对称，金融机构不得不面临高昂的交易费用问题。金融机构对每项贷款业务的程序和固定成本几乎是相同的，因此小额贷款中金融机构的边际承包更高。这些成本被最终被转嫁给贷款人。有学者调查发现，对借贷者而言，包括森林资源调查与评估费、业务办理手续费、抵押担保费在内的商业中介林权抵押费用约为贷款总额的 8%，交易成本畸高（刘祖军，2019）。林权收储担保政策下，收储机构通常依托于有资源调查和评估资质的森林经营企业，可利用专业化的技术力量提高调查与评估结果可信度，节约中间费用，并且各地林权收储机构不以营利为目的，收取的担保费用仅以维护机构正常运行为前提，且能享受财政补贴与风险补偿，担保收费低，节约交易成本。福建省经由收储中心担保的抵押贷款业务的资源调查与评估费、业务办理手续费、抵押担保费均仅为贷款总额的 1% 左右，各类中介费用仅为社会商业中介的 50%（刘祖军，2019）。

3）降低了林权抵押贷款利率。利率通常与风险相关，当金融机构面对高风险借贷人时，通常会要求较高的利率。有调查发现，一般的林权抵押贷款业务中，金融机构要求的贷款利率较同期贷款基准利率普遍上浮 50% 以上，有的甚至高达 100%，加上资源调查与评估、抵押担保、手续办理等费用，其年资金利率高达 15%—20%，相当于民间借贷利率水平（刘祖军，2019）。在林权收储担保制度中，由于林权收储机构的加入，降低了金融机构抵押物的保全与处置风险，从而降低了贷款利率。例如，顺昌县农场信用联社开展的林权抵押贷款业务为例，收储中心成立前，借款者 1 年期的贷款利率为 9.48‰/月，收储中心成立后，借款者通过收储中心担保向顺昌县农村信用合作联社申请林权抵押贷款的利率直接降到 6.51‰/月，此后进一步以此下降到 6.16‰/月、5.05‰/月和 4.89‰/月，扣除收储中心收取的 0.5‰/月服务费，节约的贷款直接成本依次为 2.47‰/月、2.82‰/月、3.91‰/月和 4.09‰/月（董加云等，2017）。2018 年，福建《政和县林权抵押贷款担保收储（试行）办法》规定"林权抵押贷款担保收储贷款实行浮动利率，按中国人民银行公布的同期同档次贷款基准利率上浮，比照同类贷款给予利率优惠，其贷款利率上浮幅度最高不超过 30%"。

4）林权收储机构的介入，降低抵押物的保全与处置风险，从而使金融机构可以延长林权抵押贷款周期，便于以符合林业生产周期长的特征。例如，《政和县林权抵押贷款担保收储（试行）办法》规定"鉴于林业周期长的原因，根据借款人的生产经营活动周期、信用状况和贷款用途等因素合理确定，林权抵押贷款担保期限最长为 10 年，但不得超过抵押人拥有林权的剩余期限。"《顺昌县抵押贷款林权担保收储办法》规定"鉴于林业经营活动周期较长，根据借款人的生产经营活动周期、信用状况和贷款用途等因素合理确定，最长期限不超过 15 年。"这意味着林权收储担保制度延长了贷款期限，破解了一般林业贷款周期短的缺陷。

但目前的林权收储担保机制还有待进一步完善：

（1）林权收储担保模式将银行面临的违约风险转嫁给林权收储机构。如图 15 所示，林权收储担保模式是以林权收储担保机构用其拥有的森林资源资产为借款人向金融机构借款提供担保，借款人以自身拥有的森林资源作为反担保手段为运作模式。显然，从林权收储担保模式的运行机制上看，这种模式本质上是将银行面临的违约风险转嫁给林权收储机构。从实践上看，在林权收储担保模式中，林权抵押物依然面临自然灾害等安全性风险，林权收储机构有降低风险的动机。林权收储机构往往依托于政府成立组建，具有行政色彩，因此政府可能通过行政性手段对抵押贷款设置较

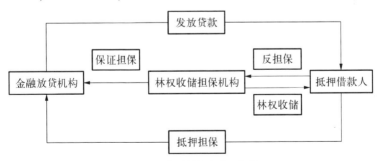

图 15　林权收储担保实现机制

注：本图来自刘祖军，2019。

高的门槛。要求缩短贷款期限。通常林权抵押贷款对贷款年限有明确的要求，并且部分地区规定的贷款年限明显较短。例如，政和县规定"林权抵押贷款担保期限最长为 10 年，但不得超过抵押人拥有林权的剩余期限"。武平县 2014 年规定，"（贷款）期限 1 年以上 5 年以下，但不得超过抵押人拥有林权的剩余期限。"但 2017 年又补充规定"对林权抵押贷款 20 万元以上（含 20 万元）和毛竹林、短轮伐期工业原料用材林办理林权抵押贷款的，最高贷款期限为 2 年。"[1]沙县规定"以利随本清方式还款的，贷款期限最长三年；以分期付款方式还款的，贷款期限最长 15 年。"[2]降低为借贷人担保的贷款额度。在抵押贷款模式中，贷款额度往往和抵押物的估值相关。在林权收储担保模式中，有些县不仅规定抵押率，还规定贷款总额。例如，政和县规定单户贷款担保额度不超过 100 万元；单笔贷款担保额度不超过林木资源资产评估值的 50%。[3]武平县对个体贷款额度不超过 30 万元且不超过评估价值的 50% 的毛竹林、短轮伐期工业原料用材林（如桉树）等，将抵押率由原先的最高 50% 下调到最高 30%。[4]沙县规定贷款额度最高为林权评估价值的 50%。[5]对抵押物设置高的要求。按

---

[1] 见《武平县人民政府关于印发武平县林权抵押贷款实施办法的通知》（武政文〔2014〕294号）、《武平县人民政府关于武平县林权抵押贷款实施办法的补充通知》（武政文〔2017〕86号）。

[2] 见《沙县人民政府办公室关于印发沙县林权收储抵押贷款实施方案的通知》（沙政办〔2015〕54号）。

[3] 见《政和县人民政府办公室关于印发政和县林权抵押贷款担保收储（试行）办法的通知》。

[4] 见《武平县人民政府关于武平县林权抵押贷款实施办法的补充通知》（武政文〔2017〕86号）。

[5] 见《沙县人民政府办公室关于印发沙县林权收储抵押贷款实施方案的通知》（沙政办〔2015〕54号）。

以林为生：中国乡村林业的现实与发展研究

照国家林业局印发的《森林资源资产抵押等级办法》用于抵押的森林资源资产为商品林中的森林、林木和林地使用权。但有的县对抵押物有补充规定，其中多数县排除了天然商品林作为抵押物的可能。例如武平县2017年暂停了对经济林（如食用原料林、果树林等）、薪炭林办理林权抵押贷款业务。沙县则规定抵押物包括"人工商品用材林：近成熟林、中幼林、毛竹林等"和"政府鼓励直接收储的森林资源：重点生态区位的商品林（除天然阔叶林及阔叶树占5成以上的混交林）、林地经营权证等其他森林资源。"[1]规定较低的林权收储价格，以利于在出现信贷违约的条件下，处置抵押物。但由于农民的法律意识淡薄，即便出现信贷违约，林权收储和转让依然会收到诸多阻挠。过低的收储价格强化了林农阻碍抵押物的收储和转让的动机。事实上，即便抵押物能够顺利收储，处置抵押物依然可能是个问题：（a）考虑到林地往往位于偏远地区，难以找到合适的接收人/机构；（b）林地过于分散，加大了林权处置的难度。

（2）理论上，林权收储担保模式仅仅通过转移金融机构的风险，提升了金融机构向林业从业者放贷的意愿，但并不能降低借贷人违约的风险。因此，林权收储模式的制度设计，需进一步考虑如何降低借贷人的违约风险、收储机构的抵押物保全和处置风险。事实上，有些县进行了不同模式的尝试，取得了良好的效果。例如遂昌林权小额循环贷款模式。在金融机构发放贷款时要求其他农户进行担保，让借款人将林权抵押给担保的农户。优点在于，农村熟人社会，农户之间比较了解，这既有利于对林权的实际价值有较准确的估值，也利于破解金融机构和借贷人之间的信息不对

---

[1] 见《武平县人民政府关于武平县林权抵押贷款实施办法的补充通知》（武政文〔2017〕86号）。

称，降低了金融机构收集和甄别贷款人的信息的成本。同时，一旦出现违约情形，对林权的变现交由其他农户进行比较便利。事实证明，这种贷款模式不良贷款率极低（齐杰，2015；韩峰、赵铁蕊和赵荣，2018）。与之类似的是，联户联保林权抵押贷款。联户联保林权抵押贷款是风险规避模式的创新，贷款农户出现还款逾期，则由联户联保的农户代为归还欠款，分担了金融机构的风险。但是该模式在组建有效的联保小组环节难度较大，若组建无效，一方面道德风险很高，与直接抵押贷款情况相似；另一方面存在集体非理性的风险，由于联保小组成员经营业务的相似性，以及追求自身利益，反而会有意造成不良信贷，在某种意义上加大了风险的集中程度。因此，该模式适用于单户林农林地经营面积不大、邻里关系在林农社会关系中处于重要地位的地方，如合作经济组织、经营大户或企业林权抵押贷款（韩锋、赵铁蕊、赵荣，2018）。

（3）实践上，林权收储担保模式注重贷款，但对贷后资金使用规定较少。在武平、政和、沙县等政府文件中都没有规定贷款资金用途。而2017年《温州市林权担保风险补偿贷款管理办法（试行）》规定"贷款资金应重点扶持森林康养、种苗花卉、木本粮油、干鲜果经济林、林下经济、中草药、森林旅游等林业特色产业发展，不得用于非林业生产。"这有利于确保贷款资金被用于与林业相关投资与生产。

第四节　林权流转模式探索：
江西林权流转奖补政策

促进林权流转，是发展多种形式适度规模经营，促进林地资源合理利用的前提，是持续深化集体林权制度改革、引领林业提质增效、发展现代林业的客观要求。林地碎片化使林业经营成本高企，弱化了林农从事林业经营的积极性，导致林业兼职化、副业化严重。有意从事林业经营的新型林业经营主体，则难以通过公开市场上规范流转林地。部分新型林业经营主体往往因私下带"病"流转引发纠纷，且一旦发生纠纷，往往难以有效协商解决，从而影响林地适度规模经营和林地经营效率提高，影响林农和经营者权益，危及林区社会稳定。为鼓励引导林地在公开市场上规范流转，发展多种形式的林地适度规模经营，提高森林经营碎片，促进农民增收、资源增长、产业发展，2016 年江西省林业厅制定出台了《江西省林地适度规模经营奖补办法（试行）》（赣林改发[2016]15 号），规定由省级财政预算安排资金对林地适度规模经营的奖补；市、县（区）各级地方财政可根据当地实际增加奖补资金，共同建立正向激励机制，促进林地适度规模经营。

奖补对象主要是通过林权流转管理服务体系在公开市场上流转林地组建的林业合作社、家庭林场（专业大户）等林地适度规模经营主体。为了引导有长期投资意愿的新型经营主体的进行林权流转，奖补政策还对新型经营主体的资格进行限定，从而使只有具有长期投资的意愿的新型经营主休才可能获得奖补。新型经营主体必须具备如下条件：（1）林业合作社、家庭林场（专业大户）符合《江西省林业厅关于加快培育新型林业经营主体促进林地适度规模经营的指导意见》（赣林改发[2016]1 号）相关要求，林业合作社经工商部门登记，家庭林场（专业大户）经工商部门登记或林业主管部门认定，且正常运行的。（2）上一年度内净增连片流转已承包到户林地，其中林业合作社 300 亩以上，家庭林场（专业大户）200 亩以上并从事林业生产，流转期限 15 年以上；且流转行为符合《江西省集体林权流转管理办法》要求，流转合同规范经林权管理服务机构鉴证、备案的。（3）省级以上林业合作社示范社（林下经济示范基地）等林地适度规模经营主体的优先；办理了林地经营权流转证的优先；以林地量化或作价入股形成利益共同体，建立"林地变股权、林农当股东、收益有分红"股份合作机制，流转价款采取收益比例分成或"实物计价、货币结算"方式，不断增加农民林地经营性收入、工资性收入以及财产性收入的优先。

奖补数量每年由省林业厅根据年度预算，按各地林地适度规模经营主体林地流转和发展培育等情况择优选择一定数量实施奖补。为了规避大规模工商资本为获得奖补而流转林权的可能，奖补政策除了规定了奖补标准还规定了奖补上限，即对林地适度规模经营主体按上年净增的流转面积 50 元/亩的标准予以奖补，且林业合作社每个最高奖补 5 万元，家庭林场（专业大户）每个最高奖补 3 万元。资金主要用于扶持经营主体投入林业生产经营和生产基地基础设施建设、开展示范创建和规范化管理。

江西林权流转奖补政策强调要发挥林地适度规模经营财政奖补导向作用，鼓励以村（组）为单位发展林业合作社，承包农户（专业大户）发展为家庭林场；支持林地适度规模经营主体以产品和产业为纽带，与有能力的林业企业开展联合与合作，完善利益联结机制，创新产业发展方式。通过设置优先奖补政策，鼓励和引导新型林业经营主体与林农形成利益共同体，最终使林农分享资源优化配置后林业发展的红利，实现林地经营性收入、工资性收入以及财产性收入的增长。

第五节　地区间横向生态补偿的探索：
重庆森林覆盖率指标交易[1]

为筑牢长江上游重要生态屏障，重庆市 2018 年印发了《国土绿化提升行动实施方案（2018—2020 年）》，提出未来 3 年将完成营造林 1 700 万亩，到 2022 年全市森林覆盖率将从目前的 48.3% 提升到 55% 左右，在 2030 年前力争达到 60% 左右。为了促使各区县切实履行职责，由被动完成植树造林任务转变为主动加强国土绿化工作，重庆市将森林覆盖率作为约束性指标，对每个区县进行统一考核，明确各地政府的主体职责。同时，考虑到各区县自然条件不同、发展定位各异、部分区县国土绿化空间有限等实际情况，印发了《重庆市实施横向生态补偿提高森林覆盖率工作方案（试行）》，对完成森林覆盖率目标有困难的地区，允许其购买森林面积指标，用于本地区森林覆盖率目标值的计算，让保护生态的地区获得补偿，探索建立了基于森林覆盖率指标交易的生态产品价值实现机制，形成了区域间生态保护与经济社会发展的良性循环。

具体做法包括：（1）明确目标任务。重庆市将全市 2022 年森林森林覆盖率目标要求作为每个区县的统一考核目标，促使各区县全面加强国土绿化工作，大力提升本行政区域森林覆盖率。同时根据全市的自然条件和主

---

[1]　2020 年自然资源部将重庆市森林覆盖指标交易案例列为《生态产品价值实现典型案例》之一。这部分内容主要引用了 2020 年 4 月《自然资源部办公厅关于〈生态产品价值实现典型案例〉（第一批）的通知》和重庆市政府办公厅 2018 年 12 月印发的《重庆市实施横向生态补偿提高森林覆盖率工作方案（试行）》。

体功能定位，将 38 个区县到 2022 年底的森林覆盖率目标划分为 3 类：产粮大县或油菜主产区（不包括国家重点生态功能区县）的 9 个区县森林覆盖率目标值不低于 50%；既是产粮大县又是油菜主产区（不包括国家重点生态功能区县）的 6 个区县目标值不低于 45%；其余 23 个区县的目标值不低于 55%。

（2）明确了区县主体，共同担责，自愿交易的基本原则，即各区县政府是实施横向生态补偿、提高森林覆盖率的责任主体，履行横向生态补偿转移支付补偿义务，享有受偿权利，要紧紧围绕 2022 年全市森林覆盖率达到 55% 左右的目标，共同担责、共同努力，全力推进国土绿化工作，购买森林面积指标的区县与出售森林面积指标的区县要充分沟通、友好协商、自愿交易。

（3）建构平台，资源交易。构建基于森林覆盖率指标的交易平台，针对达到森林覆盖率目标值有实际困难的区县，允许其在重庆市域内向森林覆盖率已超过目标值的区县购买森林面积指标，计入本县森林覆盖率；但出售森林面积指标的区县必须确保交易后本行政区域内森林覆盖率在扣除交易指标后不低于 60%。购买与出售森林面积指标区县根据森林所在位置、质量、造林及管护成本协商确认森林面积指标价格，原则上不低于指导价（暂定 1 000 元／亩），一次性支付。同时，购买森林面积指标的区县还需从购买之时起支付相应面积的森林管护经费，原则上不低于指导价（暂定 100 元／亩·年），管护年限原则上不少于 15 年，管护经费可分年度支付，也可约定分 3—5 次集中支付。拟购买森林面积指标的区县应主动衔接出售森林面积指标的区县，就购买指标面积、位置、价格、管护及支付进度等相关内容达成一致后，在重庆市林业局见证下，签订购买森林面积指标的三方协议。协议履行后，由甲乙双方联合向市林业局报送协议履行情况，由市林业局完成森林面积指标转移、森林覆盖率目标值确认等工作。交易的森林面积指标仅专项用于各区县森林覆盖率目标值计算，不与林地、林木所有权等权利挂钩，也不与各级造林任务、资金补助挂钩。买森林面积指标的资金来源于区县本级政府承担的横向生态补偿资金纳年度预算。

（4）强化监测与考核。协议履行后，由交易双方联合向重庆市林业局报送协议履行情况。重庆市林业局负责推进建立横向生态补偿机制，激励各区县提高森林覆盖率，对达不到森林覆盖率目标值的区县政府及时提请市政府进行问责追责。要加强业务指导和监督检查，确保工作有序开展；督促指导区县签订和履行购买森林面积指标协议；监测认定各区县森林覆盖率，完成森林面积指标转移和森林覆盖率目标值确认工作。

重庆森林覆盖率指标交易建立了指标直接交易机制。政府通过约束性指标及其相应管控措施，使得在既定的总体目标下，通过对指标的分解和交易，为各区县达成既定的森林覆盖率指标创造了实现途径。通过交易机制，平衡了各区县（自然条件、经济条件等）禀赋差异，促进了全市生态保护成本共担、生态效益共享。通过建立以森林覆盖率为管控目标的生态保护激励机制和补偿机制，让保护生态者能收益，从而建立了生态保护的长效机制。

重庆森林覆盖率指标交易模式，本质上是横向生态补偿的一种尝试，是通过引入指标交易模式，平衡各区县的禀赋差异，解决了部分不发达地区生态建设与保护的资金压力，实现了全域生态保护投入，从而有利于实现森林覆盖率约束性指标。但该政策还需进一步完善。首先是森林覆盖率指标的定价机制。从媒体披露的数据看，指标实际成交价为 2 500 元/亩（即 1 500 元/亩的指标价格加上 100 元/亩×15 年的森林管护费），即实际成交价与政府最低指导价格相同。[1] 目前重庆森林指标交易的价格由政府给予最低指导价格，但缺乏市场定价机制，因此难以真正反映森林指标（包括植树造林）的成本与市场价格。

其次，从制度层面上确保区县将生态建设费（收入）真正用于生态建设，特别是确保销售方能将销售指标获得的收入真正用于森林资源的建设、管护。再次，这项政策还未能激励植树造林主体（即林农和其他林业经营主体）的造林积极性。

第六节 国家购买生态服务模式探索: 生态护林员岗位制度

《中共中央国务院关于打赢脱贫攻坚战的决定》（中发[2015]4 号）提出"利用生态补偿和生态保护工程资金使当地有劳动能力的部分贫困人口转为护林员等生态保护人员"。2016 年国家林业局办公室、财政部办公厅和国务院扶贫办行政人事司印发了《关于开展建档立卡贫困人口生态护林员选聘工作的通知》，以集中连片困难地区和国家扶贫工作重点县为重点，在中西部 21 个省（区、市）的建档立卡贫困人口中，选聘年龄在 18—

---

[1] 例如 2019 年 3 月重庆江北区与酉阳土家族自治县签定"横向生态补偿提高森林覆盖率协议"，江北区向酉阳县支持 7.5 万亩森林面积指标款共 1.875 亿元。2020 年 10 月重庆南岸区与石柱县正式签订"横向生态补偿提高森林覆盖率协议"，南岸区将向石柱县支付 9.2 万亩森林面积指标价款共 2.3 亿元。

以林为生: 中国乡村林业的现实与发展研究

60 岁之间，有劳动能力、身体健康，能胜任野外巡护工作，责任心强生态护林员，对森林资源（重点是天然林和退耕还林的生态林）进行管护。《通知》还要求省级林业主管部门结合本省（区、市）森林资源、管护任务、难易程度、贫困人口状况、农民意愿等实际情况，制定生态护林员选聘细则和管护标准，分解细化分配方案，以县为单位，以乡镇为单元，组织选聘。当年全国共选聘 28.8 万名生态护林员，中央财政安排 20 亿元用于购买生态服务，精准带动 108 万人脱贫。从 2016 年到 2020 年，中央财政累计安排生态护林员资金 201 亿元，累计选聘 110.2 万名生态护林员，带动 300 多万贫困人口脱贫增收，新增林草资源管护面积近 9 亿亩。

本质上，生态护林员制度属于国家购买生态服务模式，但由于这项制度产生于全面脱贫攻坚时期，因而带有明显的扶贫色彩。（1）生态护林员岗位只针对贫困人口；（2）其收入以完成脱贫为标准。按照财政部的规定，每个生态护林员劳务补助标准按照人年均 1 万元测算，各地可以结合本地实际情况统筹考虑上一年度选聘的生态护林员管护补助标准、管护面积、管护难度和现有生态护林员劳务补助水平等因素，确定具体补助标准。然而，由于贫困地区财政匮乏，地方政府不仅无力另行补助，而且希望利用有限的中央财政补助实现更多人脱贫，进而降低劳务报酬。例如，四川阆中市，生态护林员收入为每人每月 400 元，仅仅为中央财政测算的劳务补助标准的 1/2，资金全部在中央财政拨付阆中的生态护林员补助资金的 256 万元中解决。

事实上，除了建档立卡贫困人口生态护林员外，生态护林员制度一直存在。但相比与建档立卡贫困人口生态护林员，在未获得中央财政补助的地区县的生态护林员岗位，其收入标准、发放条件、劳动强调都显得过于苛刻。例如，江西省"林长制"生态护林员岗位明显有别于贫困人口生态护林员岗位。2019年，江西《武宁县"林长制"生态护林员管理办法》规定生态护林员人均管护面积原则上不少于3 000亩，不高于6 000亩，管护费定为500元/月，由县、乡两级财政列入预算，共同承担，其中基础工资（占比80%）和效益工资（占比20%）两部分组成，基础工资按季度发放，效益工资则需年度考核后兑现。江西省资溪县原则上按照每3 000—5 000亩配置一名生态护林员，工资为500元/月，护林员工资根据年底考核情况按年发放。[1]广德县生态护林员的管护区域原则上以行政村的林地面积为单位，行政村区域内的林地面积在1 000公顷以下聘用1人，1 000公顷以上聘用2人。生态护林员工资按8 000元（人/年）的标准发放。劳务报酬由基础工资和绩效工资两部分组成，其中基础工资为6 000元/年，按月发放，绩效工资为2 000元/年，年度考核结束之后发放。[2]而同属江西省的庐山市规定每个护林员管护面积原则上不少于4 000亩，护林员报酬原则上每年不低于10 000元。[3]显然，从收入的角度看，部分县市"林长制"护林员收入低于江西省建档立卡贫困户生态护林员的收入。[4]从管护

---

[1] 见资溪县林业局《关于印发〈资溪县林长制护林员管理暂行办法〉的通知》（资林局发〔2019〕3号）。http://www.zixi.gov.cn/art/2019/3/21/art_1877_2106782.html。

[2] 见《广德县生态护林员选聘管理办法（试行）》http://www.guangde.gov.cn/Openness Content/show/499742.html。

[3] 见庐山市林业局《庐山市林长制生态护林员管理办法》。http://www.lushan.gov.cn/zwgk/zfxxgkzl/szfgbmxxgkznhml/lyj/fgwj_159585/fgwj_159586/202012/t20201229_4726802.html#。

[4] 依据《江西省林业厅办公室关于下发生态护林员选聘指标和〈江西省建档立卡贫困人口生态护林员选聘细则〉的通知》（赣林办发〔2016〕105号），生态护林员管护的天然林和退耕还林的生态林每人每年管护补助报酬为8 000—12 000元。http://www.jiangxi.gov.cn/art/2016/9/7/art_5246_301862.html。

面积看，江西省"林长制"护林员管护面积高于国家林业和草原局办公室等部门联合颁布的《关于开展 2019 年度建档立卡贫困人口生态护林员选聘工作的通知》所规定的"原则上人均管护面积不能低于 500 亩"的标准。浙江省公益林护林员的管护面积也远远高于这个标准。据 2013 年《关于印发〈浙江省公益林护林员管理办法（试行）〉的通知》（浙林造〔2013〕25号）规定每个专职护林员的管护面积为 3 000 亩。但到 2020 年每个公益林护林员的管护面积已经增加到 5 000 亩左右。[1]

2020 年我国已实现全面脱贫，从而逐步将工作重心过渡到实现乡村振兴战略。因此，未来生态护林员制度不仅需要与扶贫色彩脱钩，还需进一步完善生态护林员制度，将其重心放到公益林管护与林农就业增收上来。

第七节　科技富民模式探索：浙江"一亩山万元钱"林业科技富民模式

为了解决林业资源生产周期长、经济效益低等问题，浙江省围绕林业主导产业与优势特色产业深入实施创新驱动，2015 年浙江省林业厅制定印发了《浙江省"一亩山万元钱"林技推广三年行动计划（2015—2017）》。2018 年，进一步出台了《浙江省"一亩山万元钱"五年行动计划（2018年—2022 年）》持续深化推广"一亩山万元钱"科技富民模式，充分发挥森林资源良种化和林作制度的创新优势，让科技在现代林业中发挥出"乘数

---

[1]　见《浙江省林业局关于印发浙江省公益林护林员管理办法的通知》（浙林办〔2020〕1 号）。

效应"，为山区农民持续增收提供了技术保障。《计划》以习近平新时代中国特色社会主义思想和"两山理论"为指导，围绕"乡村振兴战略"和"创新驱动发展战略"的总体部署，立足浙江省山区资源，坚持绿色、生态、高质林业发展方向，加快科技创新，加强"三产"融合，加大政策扶持，持续深化推广"一亩山万元钱"科技富民模式，不断提高林地产出率、资源利用率和劳动生产率，建"百万亩"基地，创"百亿元"产值，努力把"盆景"变为"钱景"和"风景"，促进山区农民增收致富。

浙江"一亩山万元钱"林业科技富民模式的具体做法是：首先，制定省级指导专家、县级首席专家和乡镇责任林技员联系制度，建立三级联动的科技专家支撑体系，组建"一亩山万元钱"创新模式技术推广指导专家团队，发挥林技推广专家在"一亩山万元钱"行动中的作用。其次，各地按照"覆盖全程，综合配套，精干高效"和"提高县一级、强化乡镇一级、发展村一级、延伸户一级"的要求，加快构建"一亩山万元钱"模式的推广体系，包括，建立"首席林技推广专家＋林业科技特派员＋林技乡土专家"的林技推广队伍网、"林业科技周＋送科技下乡＋技术培训咨询＋'林技通'"的技术服务网、以"现代林业示范园区＋专业示范村＋示范户"为载体的科技示范网。再次，加大"一亩山万元钱"模式的创新推广力度。以林业生态建设和产业发展中的科技需求为导向，不断丰富"一亩山万元钱"的模式和内容；充分尊重基层群众的首创精神，鼓励和支持基层林业科技人员从实际出发，大胆创新，形成更多的"绿色、生态、高效"的科技富民模式；坚持因地制宜，依据各地的自然禀赋、生产实际和市场需求，合理确定发展目标和规模，科学选择适合当地的具体模式，积极稳妥地加以推广。最后，不断放大"一亩山万元钱"模式的富民效应。要大力实施标准品牌战略，建立质量追溯、企业诚信、质量监管"三位一体"的林产品安全监管模式；创新林业"三产"融合机制，培育生产、加工、销售于一体的产业新业态，形成主业特色鲜明、产业链条完整、市场竞争能力较强的现代林业经济发展模式；创新林业经营体制机制，大力推行新型经营体系，引导工商资本与农户建立利益联结机制。

在《浙江省"一亩山万元钱"五年行动计划》的要求下，浙江省还编制印发了《浙江省"一亩山万元钱"五年行动林业科技指导专家责任制度手册》，落实 68 个县（市、区）的省级指导专家、县级首席专家和乡镇责任林技员联系制度，在省—市—县—乡—村—林农之间织就了一张完备的技术推广网络，通过大力发展科技特派员、农村指导员和农民讲师团（乡土专家）队伍，逐步形成多元化林技推广队伍，培训了大量林技员和林技推广人员，从而使林业技术真正服务员林业产业。这是浙江省"一亩山万元钱"林业科技富民模式核心的优势所在。浙江省通过连续 15 年举办"林业科技周"、连续 8 年积极组织参与省政协送科技下乡、定期召开面向林农的林业技术培训班等科技推广普及活动，充分发挥好全省 1 179 个基层公共服务中心、2 283 名责任林技员和 6 800 名林技推广能手的作用，实行联村、联户、联地块，手把手、一对一地向林农推广适用技术、提高林农素质。尤其是开发应用的"林技通"，提升了基层林技推广工作的信息化水平，打通了林业科技推广的最后一公里。

2015 年浙江省实施"一亩山万元钱"成效卓著。截止 2017 年全省累计推广"一亩山万元钱"十大创新模式 66.5 万亩，实现总产值 78.6 亿元，增收 36.1 亿元，较好地实现了亩产 1 万元以上高至 2 万元、5 万元的目标。《浙江省"一亩山万元钱"五年行动计划（2018 年—2022 年）》出台后，仅

2018 年全省共建设示范基地 89.58 万亩，培训林农 22 586 人次，参与企业或合作社 1 800 个、农户数 45 357 户，实现总产值 80.86 亿元，超额完成了行动计划任务。

浙江省的科技富民模式还在进一步深化。2021 年 4 月 29 日浙江省经济和信息化厅、发改委、科技厅、农业农村厅、商务厅、市场监管局和林业厅 7 部门联合发布了《浙江省山区 26 县生物科技产业发展行动计划（2021—2025 年）》，要深入践行"绿水青山就是金山银山"理念，探索将生态优势转化为产业优势、经济优势、发展优势。该《行动计划》的要点在于依托于 26 个山区县农林业基础，依靠推行生物科技创新发展，通过推动传统产业提升扩量和新产业新产品开发培育，加大重大项目招商引资力度，深入推进区域对口合作，加快推动创新技术应用，培育壮大企业协助群体，推动品牌质量提升，和建构高效营销体系，实现山区 26 县生物科技产业的创新能力、发展方式、社会效益全面升级，产业规模持续扩大，到2025 年，总产值力争突破 500 亿元，到 2030 年超过千亿元。《行动计划》对支持的地区、产业等有明确的界定，使该计划具有操作性。

第六章 他山之石：日本的山村振兴与林业发展

　　全面实施乡村振兴战略是我国中长期战略举措。如何实现乡村林业的发展和林区农民的就业增收，是林区山区乡村振兴的重要内容之一。历史上，许多国家都有过乡村振兴经历。例如日本的乡村振兴运动、韩国的新村建设运动、德国的村庄更新运动等。本章将以日本为例，介绍日本乡村振兴运动中如何实现振兴山村和乡村林业发展。之所以选择日本作为参照，一方面是因为日本是我们的近邻，在文化和乡村振兴背景上有许多相近之处，另一方面是因为日本乡村振兴过程中有专门针对山村振兴和林业的相关举措。

　　20世纪50年代中期日本开始经历了高速的工业化和城市化，并伴随着农村、农业人口快速向城市、非农产业转移，致使城乡居民收入差距逐步扩大，乡村生态环境日趋恶化，乡村不断破败。在此背景下，日本开始关注乡村振兴问题。根据李思经等（2018）的总结，日本的乡村振兴大致可以分为三个阶段。第一阶段是第二次世界大战结束至20世纪70年代，主要以扩大土地规模经营、合并村镇、开展基础设施建设为施政主线。第二阶段是（20世纪70年代中后期至90年代末），在继续鼓励和扩大农业生产经营规模的同时，开始注重大力发展乡村旅游，促进乡村旅游资源的开发和城乡交流。第三阶段是围绕出现的农业产值降低、农业劳动力减少、人口老龄化问题突出、弃耕面积扩大和粮食自给率降低等问题，2000年以后日本的农业政策主要以保障农业可持续发展和粮食安全、提高农村地区活力为主要施政方向。

　　山村振兴是乡村振兴的一个部分。1965年《山村振兴法》所定义的山村是指林地比例超过75%，人口密度不足1.16人/公顷的市町村。但随着山村振兴的逐步推进，日本对山村的定义也在逐步放宽。2015年日本重新修订的《山村振兴法》第二条第一款将"山村"定义为林地面积所占比例较高、交通、经济和文化等诸多条件不佳、产业基础和生活环境与其他地区相比较尚未得到充分改善和提高的山区。可见，山村振兴与林区、林业密不可分。

第一节　日本林业概况

　　日本的森林面积占全国土地面积的三分之二，占地约2 500万公顷。其中约40%的森林是人工林，其中超过一半的人工林树龄在10年以上。已达到采伐季的人工林年增长率为4 800万立方米，截止2017年3月人工林储量达到了52亿立方米。虽然原木采伐量最近几年一直在增加，但2015年仅有1 679万立方米，不到平均增长率的40%（日本林野厅，2018）。

　　日本的森林所有制包括国有林（30.6%）、公有林（11%）和私有林（57.8%），私有林经营主体主要有林家、森林组合和民间公司。[1] 森林

---

[1]　日本的林家是指拥有一定规模山林面积的家庭，相当于我国的林农户；森林组合类似我国的林业合作社。国有林、共有林和私有林占森林面积比例依据表22中2018年数据计算所得。2020年按所有权划分，私有林面积1 356万公顷（占森林面积的54.7%），其次是国有林为715万公顷（占28.9%），最后是公有林为341万公顷（13.8%）。

组合是日本民有林的基本管理形式。据《2015 年农林普查》统计，全国林业户 83 万户，88% 的林业户拥有 1 公顷以上 10 公顷以下的森林土地使用权。小型森林所有权仍然占主导地位。日本林业产值占 GDP 比重，自 2010 年以来基本稳定在 0.04%，林业从业人员占总劳动力的比重从 2010 年的 0.13% 下降至 2016 年的 0.09%。根据 2015 年人口普查，林业从业人员 45 440 人，五年内下降 11%。65 岁及以上的老年林业工人比例上升至 25%。35 岁及以下的青年林业工人比例基本保持在 17% 的水平。从就业结构上看，从事种植、除草的人数长期呈下降趋势，而从事采伐、加工、整理、航运等技术性工种的人数近期呈上升趋势。

日本拥有丰富的森林资源，但林业面临许多问题。首先，木材价格低迷导致森林所有者的利润持续下降，因此当前森林所有者对经营林业的意向偏弱，大部分森林所有者倾向于维持现状，而非扩大经营规模（日本林野厅，2018）。在日本森林所有者中，森林面积小于 10 公顷的森林占总数的 87%，但是假设对 10 公顷森林进行 50 年的主伐于再造林，每年采伐的面积只有 0.2 公顷。每 0.2 公顷的立木价格约为 18 万日元，而造林和育林的预计成本将超过 23 万日元。这削弱了森林所有者经营林业的动机。其次，森林所有者的老龄化和继承导致的代际更替，使得部分森林界限不清；其次，虽然日本政府通过山村振兴对山区投入了许多路网基建，但林区路网密度仍没达到足够的水平；再次，虽然通过实施各类培训，培养森林经理人，但由于就业不稳、工资低、事故频发等原因，林业场所工作环节恶劣，需要继续采取改善就业管理和预防职业事故的预防措施。最后，日本的原木生产和分销成本往往较高，因此日本林业分配效率有待进一步提高。

表22 2017—2018年日本森林及森林组合

年度	区分	民有林										国有林		合计	组合加入率%
		私有林		公有林							民有林面积合计				
				都道府县		市町村		财产区		小计					
		组合数	面积	组合数	面积	组合数	面积	组合数	面积	面积		组合数	面积	面积	
2017	总面积	621	14 208 814	550	1 119 563	611	1 339 911	305	332 762	2 872 236	17 081 050	549	7 596 820	24 677 870	67
	森林组所有面积	621	9 294 588			478	1 144 245	187	203 993	1 348 238	10 642 826			10 642 826	
2018	总面积	617	14 223 315	543	1 187 503	606	1 340 900	304	342 705	2 871 108	17 094 423	544	7 532 039	24 626 462	66
	森林组所有面积	617	9 227 481			467	1 115 989	188	210 361	1 326 350	10 533 831			10 533 831	

注：森林组合加入率不包括都道府县民有林的参与率。由于分区可能重叠，因此森林面积为总面积。

数据来源：https://www.e-stat.go.jp/。

以林为生：中国乡村林业的现实与发展研究

第二节　日本乡村林业体系特色

一、完备的法律体系保障林业和林区的发展

日本有关森林与山区发展的法律体系主要分成两个部分。其一是与森林相关的法律体系，其中《森林法》和《森林·林业基本法》是最基本法律，涉及日本林业政策的基本原则和各级政府的责任与义务，《森林组合法》是关于日本林业生产最重要的组织（即森林组合）的法律，对日本的林业生产组织具有重要影响。其二是与日本山区振兴相关的法律，例如《山村振兴法》（1965）、《促进特定农山地区农林发展基础整备法》（1993）、和《促进过疏地区自立特别措施法》（2000）等。

1. 与森林相关的主要法律

《森林法》

为了持续种植森林和提高森林生产力，从而为土地保护和国民经济发展做出贡献，《森林法》规定了有关森林规划，防护林和其他森林的基本事项。《森林法》最有特色之处是，规定农业、林业和渔业部应当遵守《森林·林业基本法》的规定，每五年制定一份国家森林计划，各地方政府应当依据国家森林计划，制定区域森林计划。同时，《森林法》还规定了防护林的界定、保护程序，规范了林区土地利用的程序。

《森林·林业基本法》

1959 年 9 月日本公布了《林业基本法》，并于 2001 年更名为《森林·林业基本法》。该法确定了日本森林与林业的两个基本原则（即发挥森林保护土地、涵养水源，保护自然环境，防止全球变暖和提供林产品等多方

面功能；实现林业的可持续健康发展），并阐明了国家和地方政府等在森林和林业方面的责任，共分为八章，分别为总则、森林和林业基本计划、发挥森林多方面功能的措施、林业可持续健康发展的措施、确保林产品供应和使用的措施、行政机关及团体和林政审议会。《森林·林业基本法》体现了日本林业政策既关注生态效益，也关注林业的经济与社会效益，其最大的特色在于确立从中央到地方各级政府在与林业相关活动的义务和责任，成为日本林业政策的重要依据。

《森林组合法》

为了提高林主的经济和社会地位，保护林木栽培和森林生产力，以促进经济发展，1978年颁布了《森林组合法》，就森林组合、生产森林组合和森林组合联合会的目的、成立、运作规则及其监督和处罚做了详细的规定。《森林组合法》标志着森林组合制度的成熟。日本森林组合在日本林业中占据重要地位，当前约65%的私有林归属于森林组合，森林组合的加入率高达67%（见表22）。

其他法律

为了确保《森林·林业基本法》两个目标的实现，日本还颁布了其他与林业相关法律，以规范林业经营。例如为了改善林业或木材工业管理，防止与林业劳动有关的职业事故或确保从事林业劳动的人的安全，日本颁布了《林业/木材产业改善基金补贴法》，建立政府体制，向需要向林业和木材工业提供贷款的地区提供必要的补贴资金（包括向提供贷款的贷款机构提供贷款所需的资金），从而提高林业生产力和林业工人福祉。其主要措施是由农业、林业和渔业信贷基金提供担保债务，农林中央金库、森林组合、林业合作社、中小企业协会、银行或其他金融机构等向从事林业和木材生产的组织提供不超过 10 年的无息贷款。为了尽早地彻底消除森林有害生物等，防止其扩散，并保护森林，日本早在 1945 年就颁布了《森林病虫害防治法》。为了防止林业再生产受到灾害的影响，日本旨在通过《森林保险法》建立森林保险制度来稳定林业管理。日本颁布《营利性森林特别措施法》规范林业经营活动中的合同订立、利益分享和其他经营性行为，以促进林业的发展，维护和促进森林的各自功能发挥。为了保护森林和增加森林二氧化碳吸收量，日本于 2008 年颁布了《关于促进实施森林疏伐等特别措施法》。该法首次同意自治体在实施间伐时可以地方债的形式筹集经费，还建立了中央向市町村地方政府拨款的制度。为林业的健康发展和林业工作者的就业稳定，日本 1996 年颁布了《关于促进林业劳动力安全的法律》。此外，为了增加森林面积、改善人民的森林福利，日本在 1989 年颁布了《关于促进森林健康功能的特别措施法》。为了确保稳定的木材供应，从而为林业和木材制造业的一体化发展做出贡献，日本颁布了《关于确保木材稳定供应的特别措施法》。当前日本农林水产省官网公布的法律法规清单中，"森林"栏目下共有多达 46 项法律、法规和条例。此外，在 "食料产业"、"经营"、"农村振兴"、"技术"等栏目下还包括大量与林业相关的法律、法规和条例。例如，在"食料产业"栏目下，有《株式会社农林渔业成长产业化支援机构法》等，在"经营"栏目下有《农林中央金库法》、《独立行政法人农林渔业信用基金法》等等。

2. 与山区振兴相关法律

日本林业发展与其乡村振兴政策密不可分。20 世纪 50 年代末，随着工业化和城市化的快速发展，城乡居民收入差距逐步扩大；农业人口快速向非农产业转移；乡村生态环境日趋恶化；地方政府直接税收入减少。随着城乡矛盾日益突出，日本开始关注乡村振兴问题。为促进乡村振兴，日本颁布了一系列法律法规。目前农林水产省官网罗列的与乡村振兴相关的法律、法规和条例多达 59 项。其中，以"振兴八法"最为重要，它们将人口密度低、基础设施差的山村、离岛等地理区位劣势地区划定为扶持区域，明确了政策目标、划定标准与实施措施，为长期稳定地推动乡村振兴提供了坚实的制度保障（曹斌，2018）。[1] 值得注意的是，"振兴八法"中除了《农业基本法》是一部框架性法律外，其他七部法律都是针对特定地区振兴的具体措施。这些有针对性的法律无疑对特定地区的发展具有重要的促进作用。其中，对山区和林区发展具有重要作用的法律主要有三部，分别是《山村振兴法》（1965）、《促进特定农山地区农林发展基础整备法》（1993）和《促进过疏地区自立特别措施法》（2000）。

《山村振兴法》。鉴于山村在国土保护、水源涵养、自然环境保护等方面发挥重要作用，在产业基础和生活环境等方面与其他地区相比处于不利地位的实际情况，日本颁布《山村振兴法》，通过制定山村振兴计划，并在此基础上采取必要措施，培养山村经济实力，提高居民福利水平，同时有助于地区差距的缩小和国民经济的发展。为了发挥山村承担的国土保护、水源的培养、自然环境的保护等重要作用，在谋求森林等保护的同时，《山村振兴法》明确了山村振兴的六大目标，即（1）通过建设道路、其他交通设施、通信设施等，发展山村与其他地区以及山村内的交通通信联系；

---

[1] "振兴八法"是指《农业基本法》（1961）、《离岛振兴法》（1953）、《奄美群岛振兴开发特别措施法》（1954）、《山村振兴法》（1965）、《小笠原诸岛振兴开发特别措施法》（1969）、《冲绳振兴开发特别措施法》（1971）、《半岛振兴法》（1985）、《促进特定农山地区农林发展基础整备法》（1993）、和《促进过疏地区自立特别措施法》（2000）。

（2）通过实施农道、林道、牧道等的整备、农用地的修建、电力设施的整备等，开发土地、森林、水等未利用资源；（3）通过实现农业经营和林业经营的现代化、旅游开发、农林产品加工业等的引进、特产生产的培育等，振兴产业，并增加稳定的雇工；（4）通过整备防治设备、保安林、防滑设施及其他国土保护设施，防治水灾、风害、雪灾、林野火灾等灾害；（5）通过对学校、诊所、公民馆等的教育、厚生及文化相关设施的整备、医疗的确保、村落的整备、生活改善、劳动条件的改善等，提高居民的福利。《山村振兴法》的重要特色在于通过对山区基础设施的投入，促进农业和林业经营的现代化，从而实现发展山区经济，改善民族福祉的目标。

《山区振兴法》实施初期，山村吸引的大量外来投资主要集中于旅游、房产、加工业等产业上，短期内促进了山村产业的发展。但外来投资的产业基础薄弱、可持续性差，容易与山村当地文化、资源利用冲突。2015 年《山村振兴法》修订版开始注重发展以本地资源为依托的产业，以此增强山村的造血功能（李汀和恭映碧，2019）。当前日本为山村振兴付出大量努力，山村振兴覆盖的面积占日本国土面积的 47%，占日本森林面积的 71%，涉及日本中人口的 3%，但这仍无法改变山村地区人口的下降和老龄化程度的加深的趋势（日本林野厅，2020）。

《促进特定农山地区农林发展基础整备法》。通过改进基础设施，使农业、林业和其他商业活动焕发活力，同时充分利用本地区的独创性，从而使该地区具有特定的农业和山区特色，目的是为了促进本地区的农业和山区发展。农业、林业和其他与之相适应的业务，并为富裕而舒适的农业和山区村庄的发展做出了贡献。

《促进过疏地区自立特别措施法》。人口稀少的地区，社区活力下降，生产功能和生活环境退化，为此日本颁布《促进过疏地区自立特别措施法》，通过采取必要的特殊措施，促进这些地区的独立性，并改善居民的福利，增加就业，缩小区域差距，其主要措施和目标如下：通过改善产业基础，实现农林渔业经营现代化，发展中小型企业，促进企业引进和创业，以及发展旅游业等，促进产业振兴和扩大稳定的就业；通过道路和其他交通设施建设，确保过疏地区与其他地区以及过疏地区内部的交通和通信联系，实现农村地区的信息技术，以及相互之间的信息交流，促进区域交流；通过改善生活环境、提高老年人的保健及福利、确保医疗以及振兴教育，谋求居民生活的安定和福利的提高；通过发展美丽的风景和弘扬当地文化来形成独特的地方社区；通过发展核心定居点和培育适当规模的定居点来促进当地社区的重组。

二、组建森林组合，建立适合日本林业的组织模式

日本森林组合已经历了 100 多年，直至 1951 年《森林法》明确了森林组合作为林农经济合作组织的性质，强调了民主合作的原则，实行自愿加入、自由退出、一人一票的民主选举制度，明确了"森林组合联合会"的法律地位，确立了全国森林组合联合会、都道县森林组合联合会和基础的森林组合 3 级组织体系。为了提高林主的经济和社会地位，保护林木栽培和森林生产力，以促进经济发展，1978 年颁布了《森林组合法》，就森林组合、生产森林组合和森林组合联合会的目的、成立、运作规则及其监督和处罚做了详细的规定。《森林组合法》标志着森林组合制度的成熟。2005 年全国森林组合大会提出"支撑环境和生活的森林、林业、山村再生运动"，将"森林管理体制强化"、"国产材的安定供给"和

"经营革新"作为运动的基本方针，森林组合是其主要承担者。这样，森林组合的性质由原来的森林、林业的主要经营者，转变为重视森林多种效益，培育多功能森林且具有责任感的施业主体，以及山村振兴和地域贡献的主体。森林组合是民有林的基本管理形式。2018 年，约 62%的民有林通过森林组合实行管理。[1]2019 年日本共有森林组合 617 个，组合成员数有 15 030 个；生产森林组合数量达到 2 102 个，森林组合联合会 45 个。[2]

依据最新的《森林组合法》，森林组合的基本业务有：（1）为会员提供森林经营的指导；（2）受会员委托进行森林作业或经营森林；（3）以森林组合成员所拥有的森林承办信托业务；（4）病害虫防治及其他与保护会员森林有关的业务。此外，森林组合还将为会员提供如下全部或部分服务：（1）为会员所从事的林业生产或生活提供资金贷款、物资供应；（2）为会员生产的林产品及其他物资提供运输、加工、保管或销售服务；（3）为会员生产的非林产品提供采集、培育、运输、加工、保管或销售服务；（4）为会员提供林业种苗的采集、培育、林道的设置以及其他事项或者生活所需的共同设施；（5）为会员提供林业联合经营及其他与提高林业劳动效率有关的服务；（6）为会员的林业用地提供买卖、贷款或交换服务；（7）促进森林公众保健功能和教育功能；（8）为会员提供林产品及其他物资加工（包括食用菌及其他林产品的生产）设施；（9）为会员编制森林经营计划；（10）为会员提供林业互助事务、林业劳动安全和卫

---

[1] 数据见表 22。
[2] 见日本农林中金综合研究所《2020 年农林渔业金融统计》。https://www.nochuri.co.jp/tokei/yearly/。

生服务、福利事业；（11）为提高会员的林业技术和林业组合业务知识，进行培训，并向会员提供相关信息；（12）缔结为改善会员经济地位的团体协约。

三、建立林业财政政策支持体系

日本林业财政补贴政策

当前日本政府采取了财政补贴、税收优惠和金融扶持相结合的方式，在山村振兴框架下扶持林业和林区的发展。财政补贴是日本私有林扶持政策中最为有效、力度最大的一项措施，资金主要源于中央和地方的财政预算（王登举，2004）。日本林野厅在统计预算时，将其分为公共事业补贴和非公共事业补贴两个类别。[1] 前者由公共事业费预算支付，侧重于基础设施建设，包括森林整备事业和治山事业，其要点是引入新的森林管理系统，实现林业产业增长和适当的森林资源管理，具体包括通过采取间伐措施和加强林区道路建设，促进造林；和对受灾地区的恢复与预防措施，旨在加强山区防灾能力，促进森林保护。后者由一般行政事业费预算支付，包括四个部分，即对地方政府的财政专项转移支付、对私人企业的补贴和其他注册的行政机构的补助和对大地震重建的预算。其中，农林水产省统计的林野厅对私人企业的非公共事业补贴主要有 18 项，涉及技术普及、人力资源培训与开发、劳动安全、林业产业化、国际合作项目、林业调查等多个方面。[2] 此外，日本的林业财政补贴还包括造林补贴、森林生态效益

---

[1] 参考日本农林水产省官网。https://www.rinya.maff.go.jp/j/rinsei/yosankesan/31kettei. html。
[2] 对地方政府的财政专项转移支付也基本覆盖了上述内容。

补偿和对森林组合的公益性补助等。例如造林补助方面，一般林地造林补助 40%，瘠薄地和水源地造林补助 68%。有的地区对造林补助高达 90%。森林生态效益的补偿，包括了对公益林所有者因造林及森林土木工程等设施建设及管理承受的损失的补偿，还包括对公益林限伐造成的损失的补偿。对森林组合等公益性补助，包括对于发展森林组合、森林病虫害防治、编制和实施地区林业规划、林业科研、林业普及与指导等公益性事业的补助（卢贵敏等，2011）。

林业专用资金贷款制度。与世界其他国家一样，由于林业周期长、收益率低、贷款风险高，通常金融机构不愿向林农放贷。为了解决林农贷款难题，日本建立了林业专用资金制度，以提供林业贷款。这套制度事实上是由一系列农村金融相关法律法规所确定的，这些法律法规包括：《农业协同组合法》《农林中央金库法》《农林中央金库与信用农业协同组合联合会合并法》《农林渔业金融公库法》《农村信用基金法》《农业共济金法》《农业灾害补偿法》等。这些法律确定了农村金融组织架构、金融交易主体、信贷工具、信用担保、金融市场、风险防范、金融监管等涉及农林信贷的各国环节（刘振伟，2018）。林业专用资金主要来源于农林渔业金融公库、林业改善资金、木材生产和流通结构合理化资金、林业信用基金，以及 1996 年增设的促进林业就业资金等 5 种资金贷款制度（卢贵敏等，2011）。林业专用资金一般提供无息或低息贷款，并且贷款周期长，例如农林渔业金融公库提供的贷款，其利率为仅 0.45%—2.15%，偿还期长达 35 年。（1）农林渔业金融公库（日本政策金融公库）是日本实施农林渔业政策性信贷的主要窗口，由政府全额出资，旨在向农林渔业经营者提供在农林中央金库及其他一般金融机构难以融资的用以提高农林渔业生产力所必需的长期低息贷款。按照《农林渔业金融公库法》规定，农业、林业、渔业经营者及农业事业法人可以向该公库申请贷款，主要用于农业、林业、渔业生产以及农产品加工、销售、流通等。2008 年，日本颁布了《株式会社日本政策性金融公库法》，将农林渔业金融公库与国民生活金融公库、中小企业金融公库及国际协力银行合并为日本政策金融公库，农林渔业金融公库的相关业务由日本政策金融公库中的农林渔业事业部继续承担（刘振伟，2018）。日本政策金融公库给予林业贷款平均期限长达 35.3 年，有 4.3% 的贷款期限甚至超过 50 年。不过，日本政策金融公库为农林渔业提供的贷款中，林业贷款的比重很低。以令和二年度（2020 年 4 月—2021 年 3 月）为例，全年累计发放贷款 24 164 件，共计 7 058.31 亿日元，但为林业仅发放贷款 499 件，共计 264.97 亿日元，仅占农林渔业总贷款发放额的 3.75%。

（2）林业改善资金和林业就业促进资金，前者主要为了应对林业设施的改善，包括原材料、树苗、特用林产的生产；造林；林产品的加工、流通、销售用的机械和设施；森林娱乐设施、林业生产环境设施的建设、取得、改良或恢复，补贴目标是林业经营者、森林组合、森林组合联合会等，利率低至 0.06%—1.21%；后者为在林业行业新就业的人员及接受新就业者的林业生产单位提供就业培训资金和就业准备资金（卢贵敏等，2011）。（3）农林渔业信用基金是由中央财政、地方财政和林业经营者共同出资建立的信用合作基金，其主要目的是为林业经营者获得其他政策性贷款和非政策性贷款提供债务保证（卢贵敏等，2011），表 23 罗列了四项日本林业专用贷款的法律依据、目的、贷付主体、贷款对象、贷款条件和资金来源。

表 23 日本林业·木材关系制度金融等概要

	日本政策金融公库资金	林业·木材产业改善资金	木材产业等高度化推进资金	农林渔业信用基金债务保证
依据法令	日本政策金融公库法	林业·木材产业改善资金助成法	促进林业经营基础建设的资金融通暂行办法（第 6 条第 1 款第 2 项）	独立行政法人农林渔业信用基金法 促进林业经营基础建设的资金融通暂行办法（第 6 条第 1 项第 3 号）
目的	提供长期的低息资金，以支持农业、林业和渔业以及从事食品制造等业务者	为林业工作者、木材产业从业者为改善经营而进行的新项目的启动、生产和销售方式等的先期措施提供所需的资金	为木材生产或流通的经营者推进业务合理化和林业经营改善提供所需的资金	为林业从业者等为改善林业经营向融资机构贷款提供担保
贷付主体	日本政策金融公库	都道府县	民间金融机构（都道府县协调融资）	独立行政法人农林渔业信用基金（保证主体）
贷付对象	林业经营者及其组织、法人等	林业从业者、木材制造业（木材批发商、木材市场）经营者、组织和团体等	根据《林业经营基础强化法》获得合理化计划或森林业经营改善计划认可的人（森林合作社、原材料生产业者、木材制造商、木材批发商、木材市场办事者等）	诸如林业投资者等（造林育林者、原材料生产业者、木材·木制品制造商、森林组合等）木材批发商、木材市场开设者需要合理化计划的认定）

贷款条件		日本政策金融公库资金	林业·木材产业改善资金	木材产业等高度化推进资金	农林渔业信用基金债务保证
	利率	0.45%—2.15%（利率：截止 H25.5.20）	无利息	短期 1.30%—1.60%（周转资金）长期 1.00%—1.30%（周转资金）（利率：H24.12.12 修正）	担保费率：0.10%—1.80%（视经营者财务情况而定）
	偿还期限	最长 35 年（延期 20 年）以内（有特殊情况）	最长 10 年（延期 3 年）以内（有特殊情况）	周转资金：短期 1 年以内长期 5 年（延期 1 年）以内	（最长担保期限）周转资金 5 年，设备资金 15 年
资金来源		政府出资、政府金融资金（财政融资资金特别会计）借款、农林渔业信用基金捐款、回收金	来自政府的补助金和来自都道府县一般会计的结转	通过政府出资的农林渔业信用基金的贷款及都道府县和民间金融机构的自有资金	政府、都道府县、林业者等的出资资金

资料来源：日本农林水产省官网

以林为生：中国乡村林业的现实与发展研究

税收优惠政策。日本是以所得税为主的国家，给予林业税基减免征和延期纳税方面予以倾斜。[1]对森林砍伐和转让、林地转让、森林继承、林业营业税、购买和拥有林业机械设备或设施、森林经营者等使用燃料、保安林、森林组合、森林维护、林业研究和开发等方面给予大量税收优惠。例如，在森林砍伐与转让过程中，在计算森林收入时，可将销售树木收入所得的50%视为经营成本扣除。依据森林经营计划进行伐木或转移的立木，可以从销售收入中扣除20%的销售收入。[2]另外，蓝色申报人将获得从森林收入中额外扣除10万日元特别扣除额，并在此基础上计算森林收入所得税。又如，在林地转让环节，为了扩大林业经营规模和合理配置林地所有权的，将区域森林计划所涵盖的林地转让给林业协会或林业协会联合会时，如果土地获得者对其所获林地得到了森林经营计划的认定，则只对该交易扣除800万日元的剩余部分征税。日本还免除了从事育苗，造林，抚养和伐木的业务的个人或企业的营业税。对保安林的所得税、法人税、遗产税、不动产购置税、财产税等都给予优惠。例如，对将安保林的土地和设施转让给地方公共团体时，可以预留2000万日元的特殊扣除额，仅对扣除后的余额征税。对保安林所有者和购买者免除不动产税和财产税。此外，下文还将提及，在山村振兴政策下，为了促进产业振兴，日本对山村振兴政策覆盖范围内的相关企业给予所得税、法人税、不动产取得税和固定资产税不同程度的优惠。

---

[1] 详细可参考日本农林水产省"对森林人、木材加工者等的税收支持（清单）"。https://www.maff.go.jp/j/aid/zeisei/rin/index.html。

[2] 立木销售收入超过2000万日元的部分的抵扣率为10%。

四、建立新的森林管理系统

本章第一节介绍了日本林业当前面临的结构性问题。日本试图通过《森林管理法》建立新的森林管理系统来解决这些结构性问题。[1] 这个新的森林管理系统的要点在于，如果森林所有者无法自行管理森林，则将森林委托给市町村进行管理。市町村将适合林业经营的森林再分包给林业经理经营，而对不适合林业经营的森林则由市町村进行管理。对适合林业经营的森林，林业经理的介入可提高生产率和利润，从而增加森林所有者和林业工人收入，并确保林业生产的连续性。在新的森林管理系统框架下，政府积极培养积极进取有能力的林业经理。对于不适合林业经营的森林，市町村的公共管理部门负责管理，发挥这部分森林的公共利益功能，并降低管理成本。同时，依据 2018 年的税制改革，设立森林生态税用于管理和维护森林。

同时，《森林管理法》还规定，政府应解决创造和积累森林经营管理的条件。首先，针对超过 1/4 的不明所有者的森林，除了通过森林土地所有者申报制度掌握外，2016 年修订的《森林法》，创设了由市町村记载所有者信息等的林地台账的制度。此外，2011 年修订的《森林法》还授权市町村对所有者不明的森林根据需要实施间伐森林制度，2016 年修订的《森林法》进一步运行市町村对部分所有者不明的共享林实施采伐、造林的森林制度。其次，针对边界未知的森林，日本政府努力通过利用无人机、GIS 等手段确认边界。再次，推进与路网建设有关的技术的积累和技术人员的培养等，谋求路网维护整备的推进。最后，努力改善市政系统。在新的森林管理系统下，

---

[1]　《森林管理法》于 2018 年 5 月 25 日获得通过，并于 2019 年 4 月 1 日生效。这标志着"森林管理系统"已经启动。

虽然市町村承担了新的事务，但是很多市町村开展新事务的体制还不充分。为此，2017年度创设了通过市町村雇佣具有森林、林业相关知识和经验的人，作为地区林政顾问，来支援森林、林业的行政体制。

此外，日本还通过林业产业链上下游合作建立新的森林管理系统。日本林业原材料和林木产品市场中，原木批发商和贸易公司等在材料生产企业和木材企业之间、以及木材企业和消费者之间占据重要地位，这无疑拉长了林业产业链，从而增加了贸易成本。日本通过木材生产和分配的结构改革，促进上下游的合作，建立新的森林管理系统，以降低分销成本并扩大木材需求。

第三节　山村振兴与林业发展

除了前面所讨论过的，在乡村振兴战略下，日本除了通过建立完备的法律体系给予山村特别的支持外，日本的山村振兴还对山区给予全方位、多角度的政策优惠措施，包括对农林渔业的支持、对山村基础设施的改善、对山村文化教育、医疗卫生、社会治理等。具体而言，日本的山村振兴主要通过两方面的措施，促进乡村林业的发展。[1] 首先是以山村为对象的特别措施。（1）《山村振兴法》等法律法规规定的措施，主要包括：① 《林业·木材产业改善资金助成法》规定的特例。② 主要的市町村道等整备的特例（都道府县代理）。③ 《租税特别措施法》规定的特别税收政策，例如对地方税的特别税收措施和振兴山村的工业用机械等的分摊折旧（所得税、法人税）。④ 地方税税收优惠措施，包括对利用本地区资源

---

[1]　这部分内容参考了日本农林水产省2020年的《山村振兴对策百科》。

的制造业及农林水产品等销售业施以特别课税措施；对新建、扩建设施或设备者征收的不动产使用税、固定资产税；对地方公共团体实行税收优惠时导致收入减少的补偿措施等等。⑤ 株式会社日本政策金融公库资金贷款。(2) 中央和地方财政措施，主要包括：① 限定振兴山村等地区，主要包括由农林水产省实施的山村活化支援拨款、农山渔村振兴拨款的一部分、中山间地区等直接支付拨款。② 增加国库补助率，主要包括是对如下项目增加国库补助率：由农林水产省负责的农山渔村地区整备拨款的一部分和防止鸟兽受害综合对策拨款，由林野厅负责的林道开设；由消防厅负责的森林火灾对策用设施的整备；由文部科学省负责的公立中小学危险建筑物等的改建；由厚生劳动省负责的保育所的整备。③ 其他特殊措施，包括国有林地活用的特别措施和关于偏远地区债券的特别措施等。

其次是促进产业振兴政策事项。(1) 特殊税收措施，包括：① 特别税（所得税、法人税）。中小型企业在产业振兴促进地区中获得用于利用当地资源的制造业或农业、林业和渔业产品等销售业务的设施（包括设备、建筑物及其附属设施）时，设备购置之日起五年内，资产折旧除了普通折旧限额外，还可以计提相当于普通折旧限额一定比例的金额作为政策折旧。② 与地方税的不均衡征税有关的措施（不动产取得税，固定资产税）。地方公共团体在产业振兴政策促进区域内，新设、增设用于利用地域资源的制造业或农林渔等销售业的设施和设备者，根据地方税法对"取得与该事业相关的建筑物或其所在地土地的不动产取得税"或"对与该事业相关的机械、装置或该事业相关的建筑物或其所在地土地征收固定资产税"的征收税率不一致的，地方税可以采取一定的减免补偿。由此，可以减轻地方公共团体新设、增设设施时的地方税负担。(2) 法律规定的特别措施。依据《林业和木材产业改善资金助成法》，对在实施利用未利用或低利用的森林资源来振兴地区产业的项目时，林业和木材产业改善资金的偿还期延长 2 年。简化补助金等发放手续。

日本的山村振兴是一项系统性工作，涉及如农林水产省、国土交通省、总务省、文部科学省、厚生劳动省、经济产业省、环境省、内阁府等多个部门，其中林野厅负责的主要有六个项目，分别是林业发展产业化综合对策、发挥森林·山村多方面功能的对策、"打造绿色人"综合支援对策、因鹿引起的森林灾害紧急对策事业、森林整备事业、治山事业。例如林业发展产业化综合对策的主要做法是在新的森林管理系统下，发展路网、引进高性能林业机械，培养有森林经营管理的热情和能力的林业经营者，推进经营集约化。"打造绿色人"综合支援对策，为培养新的林业就业者，以及为其在林业行业就业前的日子提供生活保障，并全面致力培养多样化的就业手段。同时，为了新的森林管理系统的顺利实施，该项目还致力于培训工程师，以对市町村提供指导和帮助。为了实现林业的增长和产业化以及对森林资源的适当管理，并为增强国家适应力和防止全球变暖做出贡献，森林整备事业项目在引入森林管理系统的地区实施间伐、路网维护和植树造林。

其中，基础设施的改善是日本山村振兴主要的手段。表 24 罗列日本改善山村基础设施的优惠措施。这些措施包含五大方面。一是特别事业，即对山村给予的独享项目优惠措施；二是融资制度，主要是指对山区特别的资助基金即包括促进山村，人口减少地区管理改善基金和山区振兴基金；三是提高补贴率，即对山区各项基建提高财政补贴比例；四是放宽标准，即对山村各项基建放宽补贴标准；五是其他措施。

表 24　日本振兴山村优惠措施一览表

（令和 2 年 4 月 1 日至现在）

区分	事业名	优惠措施内容		根据	管辖权
		振兴山村	一般地域		
	1 中山间地域等直接补贴支付	补助率定额		《促进农业多功能性法》第 3 条第 3 款第 2 款 预算措施	农林水产省
	2 农业山地渔村推进补助金（农业、山区和渔村振兴和维护措施）部分	补助率定额 1/2 等		《促进定居点等法》和《区域间交换以振兴农业，山地和渔村法》第 6 条第 2 款	
村别事业	3 农业、山地和渔村地区的维修补助金				
	农村居民点基础设施重组/维修项目	补助率 55/100 等		土地改良法第 126 条 ＊《执法条例》第 78 条	
	草原畜牧基础设施维修事业（草原林地综合养护类型）	补助率 55/100 等		土地改良法第 126 条 ＊《执法条例》第 78 条	
	4 山区农业农村综合整治项目	补助率 55/100 等		土地改良法第 126 条 ＊《执法条例》第 78 条	
	5 山区增收支援事业	补助率定额等		预算措施	
	6 山村活化支援补助金	补助率定额		预算措施 山村振兴法第 10 条	

（续表）

区 分	事 业 名	优惠措施内容		根 据	管辖权
		振兴山村	一般地域		
	7 山区恢复工程的水源涵养保护急态维修工程	补助率 1/2 等		森林法第46条第2款《执法条例》第六条	林野厅
	8 手机等地区维修事业	补助率 2/3 等		预算措施 无线电法第103-2条	
	9 先进的无线电环境维护推进事业	补助率 1/2 等		预算措施 无线电法第103-2条	
	10 有线电视运营商改用光缆的应急措施业务	补助率 1/2 等		预算措施	总务省
特别事业	11 区域有线电视网络维护支持项目（广播网络维护项目）	补助率 1/2 等 此外，对老化的现有干线同时进行改造时也给予补助	补助率 1/2 等 补助有线电视网双线化等维修费用	预算措施	
	12 灾害信息自替传输系统维修事业（广播网络维护支持项目）	补助率 1/3		预算措施	
	13 社区医疗综合保障基金（生活支援所）（注）仅限《特别措施法》适用于根据《特别措施法》适用的山区村庄等的地区	补助率 定额		预算措施	厚生劳动省

区分	事业名	优惠措施内容		根据	管辖权
		振兴山村	一般地域		
融资制度	1 促进山村、人口减少地区管理改善基金	25 年内的兑换期限递延 8 年以内的利率（截至令和元年 6 月 19 日） ① 辅助（一般）0.35% ② 辅助（共用）1.35% ③ 非辅助 0.20%		*《山村振兴法》第 17 条 *《日本金融公司法》第 12 条第 4 款，附录 5 第 5 号	
	2 山区振兴基金	① 加工配送设施的兑换期限在 15 年内递延 3 年以内的利率 0.16% 至 0.44% ② 保健功能促进设施兑换期限等与①相同 ③ 生产环境设备的赎回期限在 25 年内递延 8 年以内的利率 0.20% 注 1：上述利率（截至 1945 年 6 月 19 日）为联合金融公司的贷款利率，每个州都设置自己的贷款利率 注 2：③适用于"生活环境设施"的系统	① 可用资金（但是，申请人必须与山区农业、林业和渔业公司签订稳定的商业合同，商业联盟合同等，为期一年或以上）	*《日本金融公司法》第 11 条第 1 款第 1 项，附录 5 第 11 项	农林水产省 日本政策金融公库

以林为生：中国乡村林业的现实与发展研究

区分	事业名	优惠措施内容 振兴山村	优惠措施内容 一般地域	根据	管辖权
	1 农业山地渔村推进补助金（农业、山区和渔村振兴农业、山地和渔业）维护措施）部分	补助率 55% 相当	补助率 50% 相当	《促进定居点等法》和《区域间交换以振兴农业、山地和渔村法》第6条第2款	农林水产省
	2 农业、山地、渔村地区的维修补助金				
提高补贴率	农地维修业务（管理机构培训类型，废弃耕地类型）	补助率 55/100	补助率 50/100	土地改良法第126条 *《执法条例》第78条	
	用水设施维修事业（综合领域维修类型）	补助率 55/100	补助率 50/100	土地改良法第126条 *《执法条例》第78条	
	农业基础设施建设促进事业	补助率 55/100	补助率 50/100	预算措施	
	用水设施维修事业（区域农业灌溉设施保护型）	补助率 55/100	补助率 50/100	预算措施	
	防灾大坝事业（防灾塘建设）	补助率 55/100	补助率 50/100		
	水库维修业务（水库紧急防灾系统维修促进事业）	补助率 55/100	补助率 50/100	土地改良法第126条 *《执法条例》第78条	
	区域水库综合维修工程	补助率 55/100	补助率 50/100		
	水库群维修工程	补助率 55/100	补助率 50/100		

区分	事业名	优惠措施内容		根据	管辖权
		振兴山村	一般地域		
提高补贴率	农村灾害对策维修事业	补助率 55/100	补助率 50/100	森林法第 193 条 《执法条例》第 12 条	
	森林基础设施维修事业中的森林维修事业（林道的建设）	补助率 50/100	补助率 45/100		
	3 农山山岳渔村振兴补助金的一部分（地区振兴对策）	补助率软定额（上限 600 万日元）	补助率·软定额（上限 500 万日元）	预算措施	
	4 农业竞争力强化基础设施建设项目（加强农业竞争力的农业土地维护项目）（与农业土地中间管理组织有关的农业土地养护项目）	补助率 55/100	补助率 50/100	土地改良法第 126 条 ※同法施行令第 78 条预算措施	
	5 加强农业竞争力的基础设施建设项目（复杂生产区的灌溉设施保护（提高生产区的盈利能力）、用水设施保护改良事业（农地积蓄促进型）、用水设施维修改善事业（简易维修型））	补助率 55/100	补助率 50/100	土地改良法第 126 条 《执法条例》第 78 条	

区分	事业名	优惠措施内容		根据	管辖权
		振兴山村	一般地域		
提高补贴率	6 农地耕作条件改善工程	补助率 55/100	补助率 50/100	预算措施	
	7 农业航道等延寿防灾减灾业务	补助率 55/100	补助率 50/100	预算措施	
	8 农村防灾减灾工程	补助率 55/100	补助率 50/100	土地改良法第 126 条 ※同法施行令第 78 条	
	9 防兽兽综合措施补助金	补助率 55/100 以内	补助率 1/2 以内	预算措施	
	10 森林环境保育项目（林道的设立）	补助率 50/100	补助率 45/100	森林法第 193 条 *《执法条例》第 12 条	林野厅
	11 消防防灾设施维修费补助金（消防水箱，森林火灾活动基地休憩用地）	补助率 55/100（仅限财政实力指数在 0.44 以下的城市）	补助率 1/2	预算措施	消防厅
	12 重建公立中小学等危险建筑物	补助率 55/100（财务实力指数为 0.4 仅限于小于 0 的自治市范围内的地区）	补助率 1/2	《国家财政义务教育学校设施费用负担法》第 12 条第 1 款	文部科学省
	13 托儿所维修	补助率 55/100	补助率 50/100	预算措施	厚生劳动省
	14 公共无线 LAN 环境维护支援事业	补助率 1/2 或 2/3	补助率 1/2	无线电法第 103 - 2 条	总务省

区分		事业名	优惠措施内容		根 据	管辖权
			振兴山村	一般地域		
1		农业、山地和渔村地区的维修补助金				农林水产省
		农地维修业务 （工作条件的维护）	（其中主干农道维修）			
			受益地区30公顷以上 项目总造价1亿日元以上 道路宽度3.0m以上	受益地区50公顷以上 项目总造价1亿日元以上道路宽度4.0m以上	土地改良法第85条 *《执法条例》第10款 第50条 预算措施	
			（其中一般农道）			
			·受益地区30公顷以上 ·项目总造价5000万日元以上 总宽度4.0m以上	受益地区50公顷项目 总造价5000万日元以上 总宽度4.5m以上		
放宽标准		用水设施维修事业 （领域区域承载训练类型、领域区域承载支持类型）	受益地区10公顷或更多 （受益区域中的一个或多个承载者） （北海道100公顷以上）	受益地区20公顷或更多	土地改良法第85条 *《执法条例》第50条 第4款	

以林为生：中国乡村林业的现实与发展研究

区分	事业名	优惠措施内容		根据	管辖权
		振兴山村	一般地域		
放宽标准	草原畜牧基础设施维修事业	（其中,公共牧场维修项目） 受益地区 250 公顷以上（仅限北海道）	（其中,县级草原维护工程） 受益地区 500 公顷以上（仅限北海道）	土地改良法第 85 条 《执法条例》第 50 条 第 10 款 * 预算措施	
		• 既存草地面积 50 公顷以上（北海道 125公顷以上） • 受益面积 30 公顷以上（北海道 150 公顷以上）	• 既存草地面积 100 公顷以上（北海道 250 公顷以上） • 受益面积 60 公顷以上（北海道 300公顷以上）		
		（其中,重组和维护业务） • 5个或更多项目参与者 • 目前,饲养的性畜数量为 1 000 只或更多,项目完成后数量已增加到 1 500 只或更多。 • 项目竣工后 15 公顷以上的受益草原等地区	• 10 个或更多项目参与者 • 目前,饲养的性畜数量为 2 000 只或更多,项目完成后数量将增加到 3 000 只或更多。		

区分	事业名	优惠措施内容		根据	管辖权
		振兴山村	一般地域		
放宽标准	草原畜牧基础设施维修事业	(其中，水田地区等负责人培训项目)	• 项目完成后 30 公顷的受益草原等地区以上		
		• 5 个或以上的项目参与者 • 项目完成后饲养的牛只成年牛增加了 50 只或更多。 • 项目竣工后 15 公顷以上的受益草原等地区	• 10 个或更多项目参与者 • 项目完成后饲养的牛只成年牛增加了 100 头以上。 • 项目竣工后等受益草原等面积为 30 公顷以上		
	渔村环境改善工程	渔业定居人口 50 以上 5 000 以下	渔业定居人口 300 以上至 5 000 以下	预算措施	
	森林基础设施维修项目 (林道改善) 其中森林维修行业	使用面积和森林面积 200 公顷以上 (干线)	使用面积森林面积 500 公顷以下 (干线)	森林法第 193 条 * 执法条例第十二条	

区分	事业名	优惠措施内容		根据	管辖权
		振兴山村	一般地域		
	2 自来水设备维修复杂生工程（领域区域中的多个或一个承载者）、领域区域承载类型、类型	受益地区10公顷或更多（受益区域中的多个或一个承载者）（北海道100公顷以上）	受益地区20公顷以上等	土地改良法第85条 *《执法条例》第50条 第4款	农林 水产省
放宽标准	3 加强农业竞争力，加强农地维护业务（草原畜牧基础设施发展项目）	（其中，公共牧场维护项目）受益地区250公顷以上（仅限北海道）	受益地区500公顷以上（仅限北海道）	土地改良法第85条 *《执法条例》第50条 第10款 预算措施	
		• 现有草地面积50公顷以上（北海道125公顷以上）• 受益地区100公顷以上（北海道150公顷以上）（其中，重组和维护业务）	• 现有草地面积100公顷以上（北海道250公顷以上）• 受益面积200公顷或以上（北海道300公顷以上）		

区分	事业名	优惠措施内容		根　据	管辖权
		振兴山村	一般地域		
放宽标准	3 加强农业竞争力，加强农地维护业务（草原畜牧基础设施发展项目）	• 5个或以上的项目参与者 • 目前，饲养的性畜数量为1000只或更多，项目完成后数量已增加到1500只或更多。 • 项目竣工后100公顷以上的受益草原等	• 10名或以上的项目参与者 • 目前，饲养的性畜数量为2000只或更多，项目完成后数量将增加到3000只或更多。 • 项目竣工后200公顷以上的受益草原等原面积		
	4 灌溉设施等的精密维护（用于介绍高利润作物的促销类型）	受益地区10公顷或以上高利润农作物新面积1公顷以上	受益地区约20公顷或以上高利润农作物新面积2公顷以上	《土地改良法》第85条 *《执法条例》第6款 第50条	农林水产省
	5 自来水设施维修复杂性工程（高利润农作物转化类型）	房屋综合体要求0.5公顷或以上	房屋综合体要求在1公顷或更多	土地改法第85条 《执法条例》第6款 第50条 *预算措施	农林水产省

区分	事业名	优惠措施内容		根据	管辖权
		振兴山村	一般地域		
放宽标准	6 强大的农业/领导力综合支持补助金，例如生产中心的核心设施，支持类型	• 种植面积 大米 10 公顷以上 露天蔬菜 5 公顷以上 露天花 3 公顷以上 等	• 种植面积 大米 50 公顷以上 露天蔬菜 10 公顷以上 露天花 5 公顷以上 等	预算措施	农林水产省
	7 农畜产品出口扩大设施维修事业	• 面积 大米 10 公顷以上 露天蔬菜 5 公顷以上 露天花 3 公顷以上 等	• 种植面积 大米 50 公顷以上 露天蔬菜 10 公顷以上 露天花 5 公顷以上 等	预算措施	农林水产省
	8 产地生产基地上电业务	• 种植面积 大米 10 公顷以上 露天蔬菜 5 公顷以上 露天花 3 公顷以上 等	• 种植面积 大米 50 公顷以上 露天蔬菜 10 公顷以上 露天花 5 公顷以上 等	预算措施	农林水产省
	9 森林环境保护维修项目（改善林道）	使用面积林地 200 公顷以上 （干线）	使用面积林地 500 公顷以上 （干线）	森林法第 193 条 《执法条例》第 12 条	林野厅

区分	事业名	优惠措施内容		根据	管辖权
		振兴山村	一般地域		
放宽标准	10 蔬菜价格稳定对策事业。产地栽培价格差供给事业、特定蔬菜的供给等。产地栽培价格差供给事业	目标产地的指定蔬菜面积 ·不包括水果和蔬菜约5公顷以上 ·水果蔬菜约3公顷以上	目标产地的指定蔬菜面积 ·不包括水果和蔬菜约10公顷以上 ·水果蔬菜约5公顷以上	预算措施	农林水产省
其他	减税：不统一税收的补偿	补偿与利用当地资源的制造业相关的建筑物或置购置收入减少以及农林水产品的销售等。对与利用当地资源的制造业相关土地的财产税的不统一征税的收益减少，农业、林业和渔业产品等销售业		※《山村振兴法》第14条 ※《山村振兴法》第14条关于地方税的不均匀的课税适用措施情况的省令（平成3年自治省令第8号）	总务省
	1 溢价折旧（促销山区村庄的工业机械附加折旧）	·溢价折旧率（5年） ·机器和普通折旧限额的24/100 ·建筑物及其附属设备普通折旧限额的36/100		※税收特别措施法第12条第3项表第4号 ※该法第45条第2项表的第4号 ※该法第68条第27条	财务省

(续表)

区分	事业名	优惠措施内容 振兴山村	优惠措施内容 一般地域	根 据	管辖权
其 他	2 主要的市町村道及农道、林道、渔港相关道路的整备	代表县		*山村振兴法第 11 条	国土交通省 农林 水产省
	3 国有林地活用的特例处理	绿化合同收益分成 绿植 80/100 (北海道 90/100) 国家 20/100 (北海道 10/100)	70/100 的绿化者 (北海道 80/100) 国家 30/100 (北海道 20/100)	《国家森林利用法》第 3 条第 1 款第 7 项	林野厅
	4 关于边地债务的特别措施	在计算偏远地区分数时,将为特定推广山区村庄(属于推广山区村庄且财务实力指数低于 0.4 的村庄(不包括人口稀少的城市))加 25 分。		《关于全面开发与偏远地区有关的公共设施的特殊财务措施法》第 2 条、《执法条例》第 1 条、《部长条例》第 2 条和第 2 条	总务省

在山区振兴政策的指导下，日本政府：（1）为了缓解林业从业者的老龄化趋势，日本政府于 2003 年以来实施了旨在为年轻人提供学习基本的林业技能机会"绿色就业项目"。该项目显著增加了林业的年轻从业者数量。但林业行业的职业事故率仍然很高。（2）在对林区道路功能分类的前提下，加强林区道路基础设施建设，包括以普通车辆为主线的"森林公路"，以货车为主线的"林业专用公路"，和以林业机械为主线的"林业作业公路"，积极探索三种森林道路类型的最佳组合，加快林业公路网的发展。（3）改进适合日本森林条件的机械的性能，促进利用林业机械的高效原木生产系统，提高了林业生产力。2016 年生产的原木中，约 70% 是通过使用先进林业机械的工作系统生产的。（4）积极发展非木材森林产品，蘑菇、野菜、可食用坚果、木炭、日本漆等非木材森林产品的生产对农村社区的发展做出了贡献。2005 年以来蘑菇生产在整个林业经济中占有重要地位，其产值约占林业总产值的 50%，蘑菇价格也基本保存平稳。（5）发展乡村旅游、康养等第三产业，加强山区与城市之间的联系。日本政府正促进农村山区社区和城市社区之间的有效交流，包括通过实践活动、森林环境教育和帮助游客体验日本传统生活的"乡村旅游"。

第七章 何以解忧：乡村林业目标的实现路径

生态美、百姓富是对乡村林业目标最直观生动的描述。总体上，乡村林业的目标主要有三大领域：即（1）经济效益，即完善山区林区基础建设，改善其发展能力，促进林业发展，实现产业兴旺、林农就业增收；（2）社会效益，即维护山区林区社会稳定，提升山区林区福祉，改善农村公共服务；（3）生态效益，即改善山区林区生态环境。世界林业发达国家的经验告诉我们，这些政策目标的实现从来都不是一蹴而就。相反，政策制定者需根据实际情况的变化，围绕乡村振兴的总目标，在三大领域做出妥协和调整，统筹各方诉求，通过立法保障、完善机制、健全体制和财政扶持等手段，最终实现林业的经济、社会和生态效益。

本章讨论的立足点是乡村林业如何实现经济效益目标，即实现林区农民的就业增收。这并不是说要忽视乡村林业的社会效益和生态效益，而是认为当前林区农民比其他地区农民具有更迫切的就业增收需求。并且，在讨论如何实现林区农民就业增收时，本章始终将实现乡村林业的社会效益和生态效益视为前提条件。在此基础上，本章将从六个方面探讨如何实现乡村林业的经济效益，即完善对山区林区扶持的法律体系建设；健全集体林地"三权分置"运行机制，完善集体林权流转制度；加大对林业产业化的政策供给；探索生态公益林促进林农就业增收的实现机制；进一步完善财政、金融等产业扶持政策；完善乡村林业发展指出体系的外部保障系统。

第一节　完善对山区林区扶持的法律体系建设

以《乡村振兴促进法》出台为契机，完善对林区山区扶持的法律法规体系建设，加强山区振兴和乡村林业发展的制度建设，增加对林区山区的制度供给。

首先，应以《乡村振兴促进法》出台为契机，在既有的框架下进一步完善对林区山区扶持的法律法规顶层设计和体系建设。2021 年 4 月 29 日第十三届全国人大常委会第二十八次会议通过《中华人民共和国乡村振兴促进法》。《乡村振兴促进法》是一部框架性法律，围绕开展促进乡村产业振兴、人才振兴、文化振兴、生态振兴、组织振兴，推进城乡融合发展等活动，确定相关的政府职能，划分中央政府和地方政府的权限，明确相应的支持手段、路径方法。可以预见，接下来一定时期内各有关部门都将依据这部法律，进一步完善本部门的法律法规以及规范性文件。例如，《乡村振兴促进法》审议通过当天，《农业农村部办公厅关于深入学习贯彻〈中华人民共和国乡村振兴促进法〉的通知》（农办法〔2021〕4 号）就指出要强化制度建设，完善乡村振兴法律规范体系，"'十四五'农业农村有关规划、政策和改革方案要贯彻乡村振兴促进法的规定和要求，要建立健全配套制度，加强粮食安全、种业和耕地、农业产业发展、农村基本经营制度、农业资源环境保护、农产品质量安全等重点领域立法，不断完善以乡村振兴促进法为统领，相关法律、法规、规划和政策文件为支撑的乡村振兴法律制度体系。积极推动粮食安全保障法、农产品质量安全法、畜牧法、渔业法、植物新品种保护条例、生猪屠宰管理条例等法律、行政法规的制修订，深入研究起草农村集体经济组织法。各地要结合乡村振兴战略实施，因地制宜加快有关农业农村方面的特色立法，发挥实施性、补充性、探索性作用，配套制定乡村振兴方面的地方性法规、规章，将法律确定的重要原则和要求等转化为可操作、能考核、能落地的具体制度措施。"笔者建议充分利用各部门系统性完善相关法律法规及规范性文件的契机，从顶层设计入手加强对林区和山区的政策倾斜，尤其是从产业发展、人才支撑、生态保护、城乡融合和扶持措施等环节体现林业的特点。

这应当包含两个层次。首先，应当对山区和林区的政策倾斜。大多数林区山区地处偏远，因此在基础设施、产业设施、人才培养和储备、市场机制的完善程度、地方财政、社会资本储备等各方面与发达地区农村相比处于全方位劣势，因此，在《乡村振兴促进法》框架下完善部门法律法规时，应适当对山区和林区予以政策倾斜，通过政策供给推动人才、资本和各类要素流向山区林区，从而为山区林区的发展输入源源不断的动力。其次，应当对林业予以政策倾斜。正如第三章讨论过的那样，当前国家对农业的投入远超林业，以耕地为载体的惠农强农富农政策难以传导至林区，同时生态建设的要求压缩了林农就业增收的空间。对林区林业的政策供给不足成为制约林业发展和林农收入增长的重要因素。因此，各部门在《乡村振兴促进法》框架下完善本部门法律法规和规范性文件的时候，应注重对林业的政策倾斜，通过增加对林业的政策供给，激发包括林农在内的林业从业者和投资者投资林业的积极性，从而促使林业的发展和林农收入的增长。

其次，在上述基础上，可以进一步谋求出台《林区/山区振兴法》，从而为林区山区的振兴、林业的发展和林农收入的提高奠定法律基础。《乡村振兴促进法》作为一部框架性法律，只确定相关的政府职能，划分中央政府和地方政府的权限，明确相应的支持手段、路径方法，但乡村振兴应涵盖哪些内容，该采取什么样的措施，这是《乡村振兴法》应涉及的内容。乡村振兴应当包含乡村基础设施建设、产业振兴、人才振兴、文化振兴、社会保障、地方治理、城乡融合、科教文卫等多个方面内容，需划分好各级政府在乡村振兴中的权责，完善乡村振兴的资金保障机制，积极调动各个行为主体参与乡村振兴的积极性等。由于我国幅员辽阔，各地在自然条件、经济发展水平、人文环境等方面有较大差异，因此未来一段时期内要出台《乡村振兴法》并不现实。但林区和山区经济发展水平内部差异较小，经济结构也相对单一，面临的问题比较相似，因此可借鉴日本的做法，在各个部门参与乡村振兴的实践基础上，谋求制定更具针对性的《林区/山区振兴法》，从而为对林区山区的振兴提供法律依据，并为未来制定全国性的《乡村振兴法》积累经验。

第二节　健全集体林地"三权分置"运行机制，完善集体林权流转制度

1. 集体林地"三权分置"的法律基础

三权分置是指形成所有权、承包权和经营权三权分置，经营权流转的格局。2018年新修订的《土地承包法》将农村土地实行"三权分置"制度法制化，规定了土地发包方和承包方各自的权利和义务，也明确了土地经营权的保护、互换和转让，从而更有效地保障农村集体经济组织和承包农户的合法权益，同时也更有利于现代农业发展。在此基础上，2019年新修订的《森林法》从法律的角度确认了林地所有权、林地承包权和林地经营

权"三权分置"，从而为集体林权流转，保障各方利益提供了法律基础。当前集体林权制度改革实施"三权分置"的重点是放活经营权，核心是厘清权利主体的权利边界和相互权利关系，明确赋予经营权应有的法律地位和权能。

2. 完善集体林权流转制度的核心应确保林地承包权和经营权的法律地位和权能在流转中不受损失

集体林权流转是破解林业碎片化，实现适度规模经营的前提。在集体林权流转过程中，要确保林地承包权和经营权的法律地位和权能不受损失，就要明确林地承包权和经营权的权属关系及其与林地所有权之间的关系，明晰承包权和经营权的权利边界。新《土地承包法》和《森林法》对林地承包权和经营权的权责关系有明确的界定。但是对林地承包权和经营权的权利边界还需进一步的界定。

对林权二次流转中，承包方与林地经营权流转双方的关系的界定应当给予重视。未来随着工商资本有序地进入，林权二次、甚至多次流转将会越来越常见，如何规范林地承包权和经营权的权利边界将成为破解林权流转困境的制度基础。

3. 完善集体林权流转制度，加强森林资产评估制度建设

首先是对尚未确权的集体林权进行确权，颁发不动产证，并做好不动产证与林权证的无缝衔接（刘璨，2020）。其次，加强和完善森林资产评估制度建设，出台规范性的条例或办法，规范森林资产评估标准和行为，建立集体林权交易第三方评估机制。林权流转的基础是对林权价值的合理评估。通常在林权流转过程中，林农处于劣势地位。一旦缺乏合理的林权价值评估机制，处于林权流转弱势地位的林农会因缺失定价权而蒙受利益受

损。合理的林权价值评估机制可以通过多种途径保障林权交易双方的利益，从而促进乡村林业的发展。一方面，完善生态公益林的价值评估机制，可以在保障林农的利益的基础上促进重点区位商品林赎买和生态保护。另一方面，完善商品林价值评估机制，促进林权流转，化解林地碎片化现象，有利于培育适度规模的新型林业经营主体，也有利于开展林权担保（包括林权收储担保）贷款，化解林业资金短缺矛盾。再次，鼓励集体林权向有能力和资质的主体适度流转，严格把握"适度"的尺度，并对工商资本进入林权流转设置准入门槛，加强事中事后监管，并纳入信用记录。最后，建立省级以上、统一的集体林权流转平台，规范集体林权流转的程序，防止"带病"流转。

第三节　加大对林业产业化的政策供给

农民依托林业实现增收的主要途径是木材及其他林产品生产、林下经济、生态旅游和森林康养和生态补偿。"十三五"期间，国家在鼓励生态旅游和森林康养，以及公益林生态补偿方面做出许多有益尝试，但对发展木材生产和林下经济重视不足。在《林业发展"十三五"规划》中，没有设立木材生产和林下经济相关指标，且在"做优做强林业产业"一节中甚至未曾提及木材生产。我们建议政府从以下几点着手，加大对林产品生产及林下经济的产业化政策供给。

1. 积极培育新型林业经营主体，加强林农与新型林业经营主体之间的利益联结

在集体林权制度改革已经完成，农村土地"三权分置"制度基本确立

的条件下，乡村林业的组织化是实现乡村林业经济效益目标的有效途径。培育新型林业经营主体是实现乡村林业组织化的重要手段。虽然中央反复强调要培育新型农业经营主体，但当前林业领域的新型经营主体发育不完善，尤其是与林农之间的利益联结机制还有待进一步提升。例如，笔者在西南多个省份实地调查发现，许多农民合作社的运行机制不畅，难以发挥带动作用。究其原因，虽然每个合作社都有独特的微观因素，但合作社内部人力资本的同质化是普遍因素之一。因此，需要加强对合作社经营管理人员、专业技术人员和普通劳动者的培训，充分发挥合作社内部人力资本的互补性。培育新型林业经营主体是一项系统性工作，涉及财政税收政策、金融政策、人才政策、土地政策等多个领域。这并不是本书所涉内容。

正如第一章图 2 所示，社区森林小组内部治理对其成功具有重要影响。新型林业经营主体内部的治理水平对其能否成功也就有关键的意义，因此积极培育新型林业经营主体，应当努力提升其内部治理水平，注重对新型林业经营主体在经营管理、技术、政策等各方面的培训，积极辅导其建立规范的经营管理模式，加强内部凝聚力，加强其与农民之间的利益联结。

2. 加大对林区山区的基础设施投入

世界林业发达国家都曾经历长达数十年的林业基础设施投入期，我国农业发展的经验也充分证明长期的基础设施投入具有重要作用。目前我国生态公益林建设初见成效，生态环境正持续改善，正是改善林业基础设施的好时机。

林区基础设施的投入包含多个方面。首先是与林业生产相关的基础设施，这既包括林区道路、作业基地、木材加工流通设施、仓储物流设施等硬件基础，也包括加大教育和人才培训投入，增强林业劳动力保障，从硬件和软件基础方面都优化林业产业环境。其次是与林区生活相关的基础设施，例如水电通信设施、教育和文化设施、卫生医疗设施、公共交通设施等。

3. 梳理木材及其他林产品产业政策

集体用材林占集体林面积的 41.4%，占集体商品林面积的 72.8%。因此，如果用材林无法发挥林农就业增收的价值，则林业对农民就业增收的价值就难以体现。一方面，木材作为国家建设和人民生活不可或缺的战略物资，国内供应能力严重不足，对外依存度高的现实依然没有扭转；另一方面，目前严格的禁伐、限伐政策存在"一刀切"的现象，制约了我国木材生产能力及农民收入的提高。我们建议政府及时梳理采伐政策，依据森林永续利用原则，在森林经理学专业指导下制定因时因地制宜的采伐规划，以激发林农经营森林的热情，促进林农就业增收。

除用材林外，集体经济林占集体商品林面积的 25.6%，对林农就业增收也有重大价值。木本油料、森林食品等林业产品供需矛盾突出，高附加值产品比重低，有巨大的生产潜力待挖掘。我们在广西和云南的调研发现，前期投资大、劳动力外流、技术储备不足、基础设施落后、物流成本高、市场环境不佳、自身风险承受能力弱等诸多因素都制约着林农投资非木材类林产品生产的积极性。我们建议政府积极加大对非木材林产品的产业化投入，加强林农与市场的联结，加强特色林业基地建设，发展优势产业集群，进一步完善产业服务体系。

4. 加快发展林下经济

林下经济在林农就业增收中的价值越来越重要。《2016 集体林权制度改革监测报告》显示，林农家庭的林业收入中，林下经济收入从 2009 年的 207 元，占林业收入的 2.35% 增长到 2015 年的 2 725 元，占林业收入的 18.31%。与传统林业相比，林下经济作为劳动密集型产业能吸纳大量劳动力，且与林木套种不会影响现有林木收益，因而是林区农民就业增收的重要途径。发展林下经济应从生态环境条件出发合理确定林下经济发展项目、方式以及规模；鼓励农民依靠内生动力选择适合的种养项目，各级政府可在资金、技术、信息服务上给予相关政策扶持。

发展林下经济时，尤其应注重一二三产业的融合发展。通过加强龙头企业、合作社、行业协会与林农的合作，培育示范主体，并积极支持龙头企业发展精深加工，为本地农民提供非农就业机会，同时抓好产品质量管控体系，推进标准化建设，实施品牌战略。

5. 积极稳妥地发展生态旅游和森林康养

2016 年以来，国务院以及国家林业和草原局相继出台多种文件鼓励发展生态旅游和森林康养，从国家层面对生态旅游和森林康养做了总体规划。[1] 生态旅游和森林康养涉及林业、旅游、环境、医疗卫生、国土资源等多个部门。但从乡村林业的角度而言，生态旅游和森林康养的发展，最重要的是要体现农民的参与性，强调与农民之间的利益联结机制。

6. 加大对涉林产业的税收优惠和补贴支持

通过对山区林区的涉林产业的经营主体，特别是对与林农利益联结密

---

[1] 例如 2016 年国家林业局《关于大力推进森林体验和森林养生发展的通知》和《中国生态文化发展纲要（2016—2020）》、2019 年国家林业和草原局《关于促进林草产业高质量发展的指导意见》、国家林业和草原局、民政部、国家卫生健康委员会、国家中医药管理局联合印发的《关于促进森林康养产业发展的意见》。此外，2016 年国务院办公厅印发《关于完善集体林权制度的意见》指出要大力发展森林旅游休闲康养等绿色新兴产业。

切的涉林企业，给予在生产、运输、销售等多环节的税收优惠和补贴支持，支持新型林业经营主体发展与林农利益联结密切的经营方式，从而为林区农民创造更多的就业增收途径，同时可以吸引工商资本到乡村投资兴办农民参与度高、受益面广的乡村林业产业。

第四节　探索生态公益林促进林农
就业增收的实现机制

1. 明确生态公益林适度开发原则

2019 年新修订的《森林法》规定："在符合公益林生态区位保护要求和不影响公益林生态功能的前提下，经科学论证，可以合理利用公益林林地资源和森林景观资源，适度开展林下经济、森林旅游等。"这为林农利用生态公益林就业增收提供了法律支持。接下来，政府应当出台规范性文件，就公益林开发的原则、条件、应服从的规范和执行程序，以及各方权责及适用法律等进行明确和澄清，从而加强公益林合理开发的可操作性，保护经营者权益。

2. 积极探索公益林分类补偿原则，完善"谁受益谁补偿"机制

政府应积极探索公益林分类补偿原则。健全公益林补偿标准动态调整机制，将补偿标准与森林质量、管护成本和生态效益挂钩，调动林农参与公益林建设和管护的积极性。

政府还应积极探索完善"谁收益谁补偿"机制。当前我国生态保护补偿经费来源单一。2016 年，该项经费中的 97.4% 来源于中央和地方财政资金。2019 年新修订的《森林法》指出："国家建立森林生态效益补偿制度，

加大公益林保护支持力度，完善重点生态功能区转移支付政策，指导受益地区和森林生态保护地区人民政府通过协商等方式进行生态效益补偿。"在此项法律基础之上，完善"谁收益谁补偿"机制，一方面可以加大公益林建设资金投入，另一方面可以建立提高补偿标准的多元化融资机制，完善以政府为主导，市场和社会共同参与的生态效益补偿制度。我们建议积极探索跨地区生态补偿长效机制，从而化解补偿经费来源单一的局面，缓解地方政府财政压力，增强生态补偿对林农的增收作用。

建立健全横向生态保护补偿机制是落实"谁受益谁补偿"机制的重要内容。2021年5月财政部、生态环境部、水利部和国家林业和草原局共同发布的《支持长江全流域建立横向生态保护补偿机制的实施方案》（财资环〔2021〕25号），是在前期改革试点的基础上推出的我国横向生态保护补偿的重要推进，其主要措施是通过中央财政安排引导和奖励资金，支持长江19省进一步健全完善流域横向生态保护补偿机制；并以地方为主体建立横向生态保护补偿机制。

3. 优化以政府购买服务为主的公益林管护机制，实现从脱贫攻坚到乡村振兴的战略目标转变

林业部门以政府购买服务的形式推广生态护林员模式和脱贫攻坚造林专业合作社模式，用以公益林建设和管护，取得了良好的生态与扶贫效果。在2020年已经全面打赢脱贫攻坚战的背景下，我们建议优化这类模式，实现从扶贫目标向乡村振兴目标的转变。对于生态护林员制度，要从岗位设置、选拔标准、经费支出等方面，逐步从以扶贫为主要目标过渡到林农就业增收和公益林高效管护的兼顾。应加强乡镇林业工作站对生态护林员的管理和指导，使生态护林员工作与村委会其他工作逐步脱钩，并使

生态护林员收入符合其劳动内容和劳动强度。对于脱贫攻坚造林合作社模式，应帮助拓展合作社的业务从造林向营林护林延伸；加强对其参与议标过程的辅导；加强对社员的技能培训；支持合作社发展多种经营，将有条件的合作社培育为新型林业经营主体；规范合作社的财务和管理机制，保障社员利益；规范政府购买公共服务流程，避免合作社垫资等，让合作社在扶贫之外发挥就业增收价值。

4. 完善重点生态区位商品林赎买制度

建议在国家生态补偿立法框架内，为重点生态区位商品林赎买提供法律依据；就赎买范围、资金来源、林权归属、林木市场化价值评估、赎买价格、赎买后的使用期限与使用费等方面完善政策框架；进一步优化赎买后的林木管护长效机制，明确相关方权责；多元化筹措资金，降低地方政府财政负担，为重点生态区位商品林赎买资金寻求稳定长期的来源；并加强赎买后对林农的安置与保障措施，从而多方面平衡生态效益与林农经济利益。

第五节　进一步完善财政、金融等产业扶持政策

1. 完善相关财政政策。当前财政资金对林业产业发展的支出主要包括林业科技推广示范补助、林业贷款贴息补助、林业优势特色产业发展补助。未来可将产业扶持政策扩展到从业者培训、新型林业经营主体技术革新、林业社会化服务等领域。完善包括中央财政林木良种、造林、森林抚育、森林生态效益补偿等各项林业补贴政策，逐步扩大补贴规模，提高补贴标准。进一步完善和落实中央财政支农惠农政策，逐步扭转对林业财政

支农惠农力度不足的现状，并将森林经营相关机具列入中央财政农机购置补贴范围。积极推动建立地方财政森林经营补贴制度，确保地方财政森林补贴资金的稳定和增长。探索建立林业财政补贴、森林生态效益补偿等动态调整和分级补偿机制。发挥公共财政的引导作用，鼓励和引导各类经营主体自觉投资开展森林经营，建立中央和各级地方公共财政与经营主体共同筹资的森林经营多元投入机制。

2. 完善相关金融政策，其重点在于：（1）化解贷款周期短，与林木生长周期不匹配的矛盾。现行《林业改革发展资金管理办法》所提供的金融措施主要是林业贷款贴息补助，但此举未能鼓励金融机构为林业经营主体提供长期贷款。我们建议借鉴日本的林业专用资金贷款制度，针对专门目标设立专项基金，为从业者提供长期的低息甚至无息贷款，以解决林业贷款周期短与林木生长周期长的矛盾；（2）完善林权抵押贷款模式，化解经营主体融资难和融资贵难题。① 政府可以积极鼓励和协调相关部门推出多样化的，且适合林业特点的林权抵质押贷款金融产品；② 积极推广生态公益林补偿收益抵押贷款等小额贷款业务，为林农生产提供资金；③ 推广林权收储担保业务，转移金融机构风险，从而吸引金融机构为林业经营主体发放与林业生产周期相匹配的贷款，降低贷款利率，以缓解经营主体资金压力。而林权收储担保机构则可利用自身专业化优势，为借款人提供森林资源资产评估、林权收储、信贷担保、抵押物处置等服务，同时与金融机构合作，对借贷人的资金使用取向、经营风险等进行评估和监督，化解自身经营风险。政府也可通过林权收储担保费用补助等形式，降低林权收储担保机构的运营成本；④ 加大对林业贷款的贴息力度，进一步降低林业经营主体的贷款成本。

3. 发展森林保险。一方面，现有中央和地方政策性森林保险险种单一、保额较低，不能适应林业发展需求。我们建议增加保险险种，以适应商品林（主要是经济林）多样化经营的需求。另一方面，应鼓励商业性保险公司开发适合林业特色的险种，化解农民生产经营风险，稳定林业收益。政府可以加大对商业性森林保险的宣传力度，各地政府甚至可以依据产业特色，对部分商业性林业保险给予政策补贴。

第六节　完善乡村林业发展支撑
体系的外部保障系统

（1）完善社会保障体系，弱化林地的保障功能，从而实现林业资源的优化配置

林地碎片化、林业兼业化是当前乡村林业发展的重要障碍。通过林权流转，实现资源的优化配置，是解决乡村林业发展瓶颈的重要手段。然而，林地，特别是贫困地区的林地，仍然具有社会保障功能，既能保障林农的最低生活水准，也能吸纳多余劳动力。不断完善林区的社会保障体系，尤其是医疗和养老保障，从而弱化林地对林农的保障功能，将有助于弱化部分林农与林地松散的联系，从而有助于破解林地碎片化和兼业化的困境，实现林权流转和林业资源的优化配置，从而有利于乡村林业的发展。

（2）加强人才和科技体系建设

乡村人才和科技基础薄弱是制约乡村林业发展的重要因素。重点完善林业科技推广体系，加强科研机构、院校、林业科技企业、乡村林业工作

站与林区、林农之间的联系，破解现有产学研之间的隔离局面，建立科技成果入乡转化机制。积极加强乡村林业经营人才，特别是林业职业经理人的培养。

（3）城乡融合发展

2019年4月15日《中共中央国务院关于建立健全城乡融合发展体制机制和政策体系的意见》指出，要建立健全城乡要素合理配置、城乡基本公共服务普惠共享、城乡基础设施一体化发展、乡村经济多元化发展、农民收入持续增长五大大体制机制入手，重塑新型城乡关系，走城乡融合发展之路，促进乡村振兴和农业农村现代化。城乡融合发展既是乡村林业发展的最终目标，也是乡村林业发展的外部支撑。尤其是城乡二元体制下，加快城乡融合首先意味着城乡资本、人才、技术等要素合理流动，可为乡村林业的发展造就资本、人才、技术和市场基础，也意味着城乡基础设施一体化发展，可破解乡村林业基础设施薄弱的弊病，更意味着乡村劳动力合理流向城市，为林业适度规模化经营留出了空间。

附　录

附录 1　全国集体林区重点林业县名单

省（区、市）	区　　县
北　京	昌平区
天　津	宁河县
河　北	易县　赞皇县　平泉县
山　西	祁县　灵石县　陵川县
内蒙古	乌拉特前旗　敖汉旗　开鲁县　宁城县　杭锦旗
辽　宁	本溪县　清原县　桓仁县　宽甸县　新宾县
吉　林	敦化市　集安市　通化县
黑龙江	拜泉县　克东县　汤原县
上　海	奉贤区
江　苏	盱眙县　姜堰市
浙　江	遂昌县　龙泉市　安吉县　庆元县　开化县　临安市
安　徽	宁国市　霍山县　南谯区　歙县
福　建	永安市　邵武市　武平县　顺昌县　尤溪县
江　西	遂川县　崇义县　武宁县　资溪县　宜丰县
山　东	胶南市　蒙阴县　滕州市
河　南	浉河区　嵩县　内乡县
湖　北	京山县　南漳县　通山县　恩施市　宜都市
湖　南	平江县　浏阳市　炎陵县　桃源县　洪江市
广　东	德庆县　四会市　始兴县
广　西	浦北县　藤县　田林县　武鸣县　八步区

省（区、市）	区 县
海 南	昌江县　五指山市　屯昌县
重 庆	万州区　南川区　奉节县　丰都县
四 川	大邑县　合江县　宜宾县　苍溪县　兴文县
贵 州	黎平县　锦屏县　雷山县　息烽县
云 南	景谷县　腾冲县　石屏县　凤庆县　武定县
陕 西	宁陕县　太白县　安塞县　宜君县
甘 肃	泾川县　合水县　清水县
青 海	共和县　湟中县
宁 夏	彭阳县　泾源县
西 藏	曲水县
新 疆	库尔勒市　玛纳斯县

附录2　800个产粮大县（市、区、场）名单

省（区、市）	县（市、区、场）名
河北	（54个县市区）正定县、栾城县、行唐县、深泽县、无极县、元氏县、赵县、辛集市、藁城市、晋州市、新乐市、鹿泉市、丰南区、丰润区、滦县、滦南县、乐亭县、玉田县、唐海县、昌黎县、卢龙县、邯郸县、临漳县、成安县、大名县、磁县、肥乡县、永年县、馆陶县、魏县、曲周县、清苑县、徐水县、定兴县、容城县、望都县、安新县、雄县、涿州市、安国市、高碑店市、满城县、定州市、平泉县、隆化县、枣强县、武邑县、安平县、故城县、景县、武强县、阜城县、冀州市、深州市
内蒙古	（33个县市区）土默特左旗、托克托县、和林格尔县、松山区、巴林左旗、宁城县、敖汉旗、林西县、翁牛特旗、科尔沁区、科尔沁左翼中旗、科尔沁左翼后旗、开鲁县、库伦旗、奈曼旗、扎鲁特旗、阿荣旗、莫力达瓦翰尔族自治县、鄂伦春自治旗（含大兴安岭农场）、扎兰屯市、海拉尔农牧场（含额尔古纳市）、临河区、五原县、乌拉特前旗、乌拉特中旗、杭锦后旗、科尔沁右翼前旗、科尔沁右翼中旗、扎赉特旗、突泉县、凉城县、达拉特旗、土默特右旗

省（区、市）	县（市、区、场）名
辽宁	（36个县市区）辽中县、康平县、法库县、新民市、瓦房店市、普兰店市、庄河市、台安县、岫岩满族自治县、海城市、东港市、凤城市、黑山县、义县、凌海市、北镇市、阜新蒙古族自治县、彰武县、辽阳县、灯塔市、大洼县、盘山县、铁岭县、西丰县、昌图县、开原市、朝阳县、建平县、喀喇沁左翼蒙古族自治县、北票市、兴城市、绥中县、大石桥市、抚顺县、清原满族自治县、新宾满族自治县
吉林	（30个县市区）双阳区、农安县、九台市、榆树市、德惠市、永吉县、蛟河市、桦甸市、舒兰市、磐石市、梨树县、伊通满族自治县、公主岭市、双辽市、东丰县、东辽县、辉南县、柳河县、梅河口市、通化县、前郭尔罗斯蒙古族自治县、长岭县、乾安县、扶余县、洮北区、镇赉县、洮南市、大安市
黑龙江	（110个县市区）敦化市、龙井市、呼兰区、依兰县、方正县、宾县、巴彦县、木兰县、通河县、延寿县、阿城市、双城市、尚志市、五常市、龙江县、依安县、泰来县、甘南县、富裕县、克山县、克东县、拜泉县、讷河市、鸡东县、虎林市、密山市、集贤县、宝清县、肇州县、肇源县、林甸县、杜尔伯特蒙古族自治县、桦南县、桦川县、汤原县、抚远县、同江市、富锦市、林口县、海林市、宁安市、穆棱市、嫩江县、北安市、五大连池市、北林区、望奎县、兰西县、青冈县、庆安县、明水县、绥棱县、安达市、肇东市、海伦市、绥滨县、勃利县、八五二农场、八五六农场、友谊农场、七星农场、八五四农场、八五三农场、查哈阳农场、前进农场、大兴农场、二九零农场、红卫农场、创业农场、绥滨农场、八五七农场、前锋农场、兴凯湖农场、八五九农场、二九一农场、八五八农场、军川农场、五九七农场、八五零农场、胜利农场、洪河农场、浓江农场、庆丰农场、蒲阳农场、共青农场、云山农场、鸭绿河农场、饶河农场、新华农场、青龙山农场、宝泉岭农场、二道河农场、勤得利农场、红旗岭农场、江川农场、江滨农场、前哨农场、名山农场、北兴农场、逊克农场、七星泡农场、八五五农场、赵光农场、二龙山农场、嫩江农场、鹤山农场、尖山农场、红星农场、建设农场、山河农场、引龙河农场、克山农场

省（区、市）	县（市、区、场）名
江苏	（42个县市区）铜山县、睢宁县、新沂市、海安县、如东县、如皋市、通州市、东海县、灌云县、灌南县、楚州区、淮阴区、涟水县、洪泽县、盱眙县、金湖县、盐都区、响水县、滨海县、阜宁县、射阳县、建湖县、东台市、大丰市、宝应县、仪征市、高邮市、江都市、邗江区、丹阳市、句容市、兴化市、泰兴市、姜堰市、靖江市、宿豫区、沭阳县、泗阳县、泗洪县、溧水县、溧阳市、金坛市
安徽	（42个县市区）长丰县、肥东县、肥西县、芜湖县、南陵县、怀远县、五河县、固镇县、怀宁县、枞阳县、望江县、桐城市、来安县、全椒县、定远县、凤阳县、天长市、明光市、南谯区、临泉县、太和县、阜南县、颍上县、埇桥区、萧县、灵璧县、泗县、庐江县、和县、金安区、寿县、霍邱县、涡阳县、蒙城县、谯城区、利辛县、凤台县、潘集区、当涂县、濉溪县、郎溪县、宣州区
江西	（36个县市区）南昌县、新建县、进贤县、余江县、贵溪市、吉安县、吉水县、峡江县、新干县、永丰县、泰和县、万安县、安福县、永新县、奉新县、万载县、上高县、宜丰县、丰城市、樟树市、高安市、南城县、崇仁县、乐安县、金溪县、临川县、东乡县、余干县、鄱阳县、万年县、弋阳县、乐平市、渝水区、都昌县、永修县、宁都县
山东	（73个县市区）长清区、平阴县、济阳县、商河县、章丘市、胶州市、即墨市、平度市、莱西市、桓台县、高青县、滕州市、栖霞市、莱阳市、莱州市、招远市、海阳市、昌乐县、青州市、诸城市、寿光市、安丘市、高密市、昌邑市、微山县、鱼台县、嘉祥县、汶上县、梁山县、曲阜市、兖州市、邹城市、岱岳区、宁阳县、东平县、肥城市、文登市、乳山市、沂南县、郯城县、苍山县、临沭县、陵县、宁津县、庆云县、临邑县、齐河县、平原县、武城县、乐陵市、禹城市、东昌府区、阳谷县、莘县、茌平县、东阿县、冠县、高唐县、临清市、惠民县、阳信县、无棣县、博兴县、邹平县、牡丹区、曹县、单县、成武县、郓城县、鄄城县、定陶县、东明县、莒县

省（区、市）	县（市、区、场）名
河南	（89个县市区）杞县、通许县、尉氏县、开封县、兰考县、孟津县、宜阳县、洛宁县、伊川县、叶县、郏县、汝州市、安阳县、汤阴县、滑县、内黄县、浚县、淇县、新乡县、获嘉县、原阳县、延津县、封丘县、长垣县、卫辉市、辉县市、修武县、博爱县、武陟县、温县、沁阳市、孟州市、清丰县、南乐县、范县、濮阳县、台前县、许昌县、鄢陵县、襄城县、禹州市、长葛市、郾城区、舞阳县、临颍县、宛城区、方城县、镇平县、社旗县、唐河县、桐柏县、邓州市、新野县、睢阳区、民权县、睢县、宁陵县、柘城县、虞城县、夏邑县、永城市、梁园区、平桥区、罗山县、光山县、固始县、潢川县、淮滨县、息县、商城县、扶沟县、西华县、商水县、沈丘县、郸城县、淮阳县、太康县、鹿邑县、项城市、西平县、上蔡县、平舆县、正阳县、确山县、泌阳县、汝南县、遂平县、驿城区、新蔡县
湖北	（33个县市区）当阳市、枝江市、襄阳区、南漳县、老河口市、宜城市、枣阳市、京山县、沙洋县、钟祥市、孝昌县、大悟县、应城市、安陆市、荆州区、公安县、监利县、江陵县、洪湖市、松滋市、浠水县、麻城市、武穴市、黄梅县、江夏区、赤壁市、嘉鱼县、崇阳县、曾都区、广水市、利川市、建始县、仙桃市
湖南	（52个县市区）长沙县、望城县、宁乡县、浏阳市、株洲县、攸县、茶陵县、醴陵市、湘潭县（含韶山市）、湘乡市、衡阳县、衡南县、衡山县、衡东县、祁东县、常宁市、耒阳市、新邵县、邵阳县、隆回县、洞口县、新宁县、武冈市、岳阳县、华容县、湘阴县、平江县、汨罗市、临湘市、鼎城区、安乡县、汉寿县、澧县、临澧县、桃源县、石门县、赫山区、南县、沅江市、资阳区、宜章县、汝城县、安仁县、慈利县、冷水滩区、零陵区、祁阳县、东安县、道县、溆浦县、涟源市、双峰县
四川	（50个县市区）崇州市、邛崃市、泸县、合江县、中江县、广汉市、什邡市、绵竹市、游仙区、三台县、盐亭县、安县、梓潼县、剑阁县、苍溪县、蓬溪县、安居区、射洪县、大英县、嘉陵区、蓬安县、仪陇县、西充县、阆中市、宜宾县、江安县、长宁县、高县、岳池县、邻水县、武胜县、达县、宣汉县、开江县、大竹县、万源市、通江县、巴州区、南江县、雁江区、安岳县、简阳市、会理县、会东县、富顺县、荣县、威远县、仁寿县、东坡区、井研县

省（区、市）	县（市、区、场）名
山西	（12个县市区）绛县、新绛县、祁县、太谷县、寿阳县、昔阳县、高平市、泽州县、沁县、长子县、襄垣县、屯留县
浙江	（6个县市区）平湖市、海盐县、嘉善县、衢江区、龙游县、江山市
福建	（16个县市区）长汀县、上杭县、武平县、连城县、宁化县、建宁县、尤溪县、沙县、将乐县、明溪县、清流县、浦城县、邵武市、武夷山市、建瓯市、建阳市
广东	（5个县市区）始兴县、仁化县、南雄市、郁南县、云安县
广西	（15个县市区）全州县、兴安县、永福县、临桂县、平乐县、灵川县、武鸣县、隆安县、柳城县、鹿寨县、象州县、兴宾区、桂平县、平南县、钦北区
重庆	（10个县市区）潼南县、铜梁县、大足县、梁平县、南川区、忠县、江津区、合川区、永川区、垫江县
贵州	（11个县市区）黔西县、金沙县、仁怀市、赤水市、习水县、余庆县、湄潭县、正安县、绥阳县、桐梓县、遵义县
云南	（17个县市区）禄劝彝族苗族自治县、宜良县、石林彝族自治县、嵩明县、师宗县、陆良县、宾川县、巍山彝族回族自治区、鹤庆县、洱源县、潞西市、盈江县、陇川县、施甸县、腾冲县、龙陵县、昌宁县
陕西	（16个县市区）富平县、蒲城县、兴平市、武功县、乾县、泾阳县、三原县、眉县、扶风县、岐山县、凤翔县、陈仓区、户县、周至县、蓝田县、长安区
甘肃	（7个县市区）山丹县、民乐县、甘州区、临泽县、凉州区、景泰县、永昌县
宁夏	（5个县市区）永宁县、贺兰县、平罗县、青铜峡市、中宁县

数据来源：《全国新增1 000亿斤粮食生产能力规划（2009—2020年）》。

省（区、市）	森林资源丰富县
河 北	（7个县市区）丰宁、宽城满族自治县、隆化、滦平、青龙满族自治县、围场满族蒙古族自治县、兴隆
山 西	（7个县市区）方山、古县、壶关、黎城、沁源、翼城、中阳
内蒙古	（9个县市区）阿荣旗、敖汉旗、额尔古纳市、鄂伦春旗、根河、喀喇沁旗、宁城、牙克石、扎兰屯
辽 宁	（11个县市区）本溪满族自治县、长海、凤城、抚顺、桓仁满族自治县、建平、宽甸满族自治县、清原满族自治县、西丰、新宾满族自治县、岫岩满族自治县
吉 林	（21个县市区）安图、长白朝鲜族自治县、东丰、东辽、敦化、抚松、和龙、桦甸、珲春、辉南、蛟河、靖宇、柳河、龙井、磐石、舒兰、通化、图们、汪清、延吉、永吉
黑龙江	（29个县市区）阿城、东宁、方正、海林、户吗、桦南、鸡东、嘉荫、林口、萝北、漠河、木兰、穆棱、宁安、庆安、饶河、尚志、绥芬河、绥棱、孙吴、塔河、汤原、铁力、通河、五常、五大连池、逊克、延寿依兰
浙 江	（46个县市区）安吉、苍南、常山、淳安、岱山、德清、东阳、洞头、富阳、江山、金华、缙云、景宁畲族自治县、开化、兰溪、乐清、临安、临海、龙泉、宁海、磐安、平阳、浦江、庆元、衢县、衢州、瑞安、三门、嵊泗、嵊州、松阳、遂昌、泰顺、天台、桐庐、温岭、温州、文成、武义、仙居、象山、义务、永嘉、余姚、云和、诸暨
安 徽	（17个县市区）东至、广德、霍山、绩溪、金寨、泾县、旌德、宁国、祁门、潜山、青阳、石台、寿县、舒城、休宁、黟县、岳西
福 建	（45个县市区）长泰、长汀、大田、德化、古田、光泽、华安、建宁、建瓯、建阳、将乐、连城、连江、龙岩、罗源、闽侯、闽清、明溪、南靖、宁化、平和、平潭、屏南、浦城、清流、沙县、上杭、邵武、寿宁、顺昌、松溪、泰宁、武平、武夷山、永安、永定、永泰、尤溪、漳平、漳浦、诏安、柘荣、政和、周宁

省（区、市）	森林资源丰富县
江　西	（62个县市区）安福、安远、崇仁、崇义、大余、德安、定南、分宜、丰城、奉新、浮梁、赣县、高安、广昌、广丰、贵溪、横峰、会昌、吉水、金溪、井冈山、靖安、乐安、黎川、莲花、龙南、泸溪、南城、南丰、宁都、宁冈、铅山、全南、瑞昌、瑞金、上高、上栗、上饶、上犹、石城、遂川、泰和、铜鼓、万安、万年、万载、武宁、婺源、峡江、新干、信丰、兴国、修水、寻乌、宜丰、宜黄、弋阳、永丰、永新、余江、玉山、资溪
河　南	（7个县市区）卢氏、栾川、内向、商城、嵩县、桐柏、西峡
湖　北	（21个县市区）巴东、长阳土家族自治县、崇阳、房县、鹤峰、红安、麻城、神农架林区、通城、通山、五峰土家族自治县、咸丰、兴山、宜昌、远安、郧西、郧县、竹山、竹溪、秭归
湖　南	（54个县市区）安化、安仁、保靖、茶陵、长沙、辰溪、城步苗族自治区、慈利、道县、东安、洞口、凤凰、古丈、桂东、桂阳、会同、嘉禾、江华、临澧县、江永、靖州苗族自治区、蓝山、临武、龙山、隆回、泸溪、麻阳苗族自治区、宁远、祁东、祁阳、汝城、桑植、邵阳、石门、双峰、双牌、绥宁、桃江、桃源、通道侗族自治县、新化、新晃侗族自治县、新宁、新邵、新田、溆浦、炎陵、永顺、永兴、攸县、沅陵、芷江侗族自治县、中方、资兴
广　东	（32个县市区）潮安、大浦、德庆、电白、东源、丰顺、封开、广宁、和平、怀集、蕉岭、揭西、乐昌、连南瑶族自治县、连平、连山壮族瑶族自治县、龙川、龙门、陆河、梅县、南雄市、平远、清新、饶平、仁化、乳源瑶族自治县、始兴、五华、新丰、新兴、阳山、阳西、郁南、紫金
广　西	（50个县市区）百色、博白、苍梧、扶绥、富川瑶族自治县、恭城瑶族自治县、灌阳、横县、金秀瑶族自治县、靖西、乐业、荔浦、临桂、灵川、凌云、柳城、龙胜各族自治县、隆安、隆林各族自治县、陆川、鹿寨、蒙山、那坡、宁明、平乐、平南县、浦北、全州、容县、融安、融水苗族自治县、三江侗族自治县、上林、上思、藤县、天峨、田东、田阳、武鸣、武宣、西林、象州、忻城、兴业、永福、昭平、钟山、资源
海　南	（8个县市区）白沙黎族自治县、保亭黎族自治县、东方黎族自治县、乐东黎族自治县、陵水黎族自治县、琼中黎族自治县、通什、万宁

（续表）

省（区、市）	森林资源丰富县
四 川	（65个县市区）安县、安岳县、巴塘、宝兴、北川羌族自治县、长宁、城口、大邑、丹巴、丹棱、德昌、峨边、高县、珙县、古蔺、汉源、合江、黑水、洪雅、会东、会理、夹江、江安、九龙、九寨沟、筠连、雷波、理县、邻水、芦山、罗江、马边彝族自治县、马尔康、茂县、美姑、米易、冕宁、名山、木里藏族自治县、南部、南江、蓬安、平昌、平武、屏山、蒲江、青川、壤塘、石棉、石柱土家族自治县、叙永、盐边、盐源、宜宾、荥经、中江
贵 州	（29个县市区）册亨、岑巩、从江、德江、贵定、黄平、剑河、江口、锦屏、开阳、雷山、黎平、荔波、龙里、麻江、湄潭、盘县、平塘、榕江、三都水族自治县、三穗、石阡、思南、台江、天柱、瓮安、息烽、修文、镇远
云 南	（65个县市区）昌宁、大姚、德钦、峨山彝族自治县、洱源、福贡、富源、贡山独龙族怒族自治县、广南、河口、鹤庆、会泽、剑川、江城哈尼族自治县、景东彝族自治县、景谷傣族彝族自治县、景洪、兰坪白族普米族自治县、澜沧拉祜族自治县、丽江、梁河、临沧、龙陵、龙川、泸水、陆良、潞西、罗平、马关、马龙、勐海、勐腊、孟连傣族拉祜族佤族自治县、弥渡、墨江哈尼族自治县、南涧彝族自治县、宁蒗彝族自治县、屏边苗族自治县、普洱哈尼族自治县、丘北、瑞丽、师宗、石屏、双柏、双江拉祜族佤族布朗族傣族自治县、腾冲、巍山彝族回族自治县、维西傈僳族自治县、文山、武定、西盟佤族自治县、香格里拉、祥云、新平彝族傣族自治县、延津、漾濞彝族自治县、易门、盈江、永平、永仁、永胜、玉龙纳西族自治县、沅江哈尼族彝族傣族自治县、云龙、镇沅彝族哈尼族拉祜族自治县
陕 西	（38个县市区）白河、城固、丹凤、凤县、佛坪、富县、甘泉、横山、黄陵、黄龙、靖边、岚皋、蓝田、麟游、留坝、陇县、略阳、勉县、南郑、宁强、宁陕、平利、蒲城、千阳、山阳、商南、石泉、太白、旬阳、洋县、宜川、宜君、镇安、镇巴、镇坪、周至、紫阳、柞水
甘 肃	（11个县市区）宕昌、迭部、合水、华亭、徽县、康县、两当、天祝藏族自治县、文县、舟曲、卓尼
宁 夏	（1个县市区）泾源

数据来源：冯菁（2007）。

226 以林为生：中国乡村林业的现实与发展研究

参考文献

Arnold, J. M. (1991). *Community forestry: ten years in review.* Food and Agriculture Organization of the United Nations.

Baynes, J., Herbohn, J., Smith, C., Fisher, R., & Bray, D. (2015). Key factors which influence the success of community forestry in developing countries. *Global Environmental Change*, 35, 226–238.

Belsky, J. M. (2008). Creating community forests. Forest community connections: Implications for research, management, and governance, 219–242.

Bullock, R., Hanna, K., & Slocombe, D. S. (2009). *Learning from community forestry experience: Challenges and lessons from British Columbia.*

Bullock, R. C., & Hanna, K. S. (2012). *Community forestry: local values, conflict and forest governance:* Cambridge University Press.

Duinker, P. N., Matakala, P. W., Chege, F., & Bouthillier, L. (1994). Community forests in Canada: An overview. *The Forestry Chronicle*, 70 (6), 711–720.

Gilmour, D. (2016). Forty years of community-based forestry: A review of its extent and effectiveness. *FAO forestry paper* (176).

Gilmour, D. A., & Fisher, R. J. (1991). *Villagers, Forests, and Foresters: The Philosophy, Process, and Practice of Community Forestry in Nepal:* Sahayogi Press.

Glasmeier, A. K., & Farrigan, T. (2005). Understanding community forestry: a qualitative meta-study of the concept, the process, and its potential for poverty alleviation in the United States case. *Geographical Journal*, 171 (1) , 56 - 69.

Gunter, J., & Jodway, S. （1999）. Community-based natural resource management: A strategy for community economic development. CED for Forest Commu-nities Project （Draft Paper）. Simon Fraser University, British Columbia.

Hobley, M. （1996）. Participatory forestry: the process of change in India and Nepal: Overseas Development Institute （ODI）.

Koirala, R., Giri, K., & Pokharel, B. K. （2008）. Development and status of community forestry governance in Nepal. Paper presented at the National Convention of Society of American Foresters, Reno-Tahoe, Nevada.

Lawrence, A., Anglezarke, B., Frost, B., Nolan, P., & Owen, R. （2009）. What does community forestry mean in a devolved Great Britain? *International Forestry Review*, 11 (2) , 281 - 297.

Maryudi, A., Devkota, R. R., Schusser, C., Yufanyi, C., Salla, M., Aurenhammer, H., Krott, M. （2012）. Back to basics: considerations in evaluating the outcomes of community forestry. *Forest Policy and Economics*, 14 (1) , 1 - 5.

McCullough, R. （1995）. The landscape of community: a history of communal forests in New England: University Press of New England.

McDermott, M. H., & Schreckenberg, K. （2009）. Equity in community forestry: insights from North and South. *International Forestry Review*, 11 (2) , 157 - 170.

Miller, D. C., & Hajjar, R. （2020）. Forests as pathways to prosperity: empirical insights and conceptual advances. World Develop, Volume 11, 1 - 13.

Miller, D. C., Rana, P., Nakamura, K., Irwin, S., Cheng, S. H., Ahlroth,

以林为生: 中国乡村林业的现实与发展研究

S., & Perge, E. (2021). A global review of the impact of forest property rights interventions on poverty. *Global Environmental Change*, 66, 102, 218.

Moeliono, M., Thuy, P. T., Bong, I. W., Wong, G. Y., & Brockhaus, M. (2017). Social Forestry-why and for whom? A comparison of policies in Vietnam and Indonesia. *Forest and Society*, 78–97.

Movuh, M. C. Y. (2012). The Colonial heritage and post-Colonial influence, entanglements and implications of the concept of community forestry by the example of Cameroon. *Forest Policy and Economics*, 15, 70–77.

Pagdee, A., Kim, Y.-s., & Daugherty, P. J. (2006). What makes community forest management successful: a meta-study from community forests throughout the world. *Society and Natural resources*, 19 (1), 33–52.

Pant, M. (1979). Social forestry in India. Unasylva, 31 (125), 19–24.

Poffenberger, M. (2006). People in the forest: community forestry experiences from Southeast Asia. *International Journal of Environment and Sustainable Development*, 5 (1), 57–69.

Qin, P., Xu, J. (2013). Forest land rights, tenure types, and farmers' investment incentives in China. *China Agricultural Economic Review*.

Shackleton, S., Campbell, B., Wollenberg, E., & Edmunds, D. (2002). Devolution and community-based natural resource management: Creating space for local people to participate and benefit. *Natural resource perspectives*, 76 (1), 1–6.

Shepherd, K. R. (1985). Community forestry: concepts and reality. In K. R. R. Shepherd, H. V. (Ed.), *Managing the Tropical Forest*. Centre for Development Studies (pp. 317–327). Canberra: The Australian National University.

Shrestha, K. K. (2005). *Collective action and equity in Nepalese community* forestry.

Sikor, T. （2013）. Community forestry in Asia and the Pacific: Pathway to inclusive development: RECOFTC-The Center for People and Forests.

Stevens, S. （1997）. Conservation Through Cultural survival Island Press. Washington, DC.

Thompson, J. R., Elmendorf, W. F., McDonough, M. H., & Burban, L. L. （2005）. Participation and conflict: lessons learned from community forestry. *Journal of Forestry*, 103（4）, 174–178.

Uchida, E., Xu, J., Xu, Z., & Rozelle, S. （2007）. Are the poor benefiting from China's land conservation program? *Environment and development economics*, 593–620.

Wily, L. A. （2005）. From meeting needs to honouring rights: The evolution of community forestry. *Earthscan reader in forestry and development*. J. Sayer （editor）. Earthscan Publications, London, UK, 1.

Xie, Y., Wen, Y., Zhang, Y., & Li, X. （2013）. Impact of property rights reform on household forest management investment: An empirical study of southern China. *Forest Policy and Economics*, 34, 73–78.

Xie, Y., & Zhou, X. （2014）. Income inequality in today's China. *Proceedings of the National Academy of Sciences*, 111（19）, 6928–6933.

曹斌. （2018）. 乡村振兴的日本实践: 背景、措施与启示. 中国农村经济（08）, 117–129.

曹光乔, 张宗毅. （2008）. 农户采纳保护性耕作技术影响因素研究. 农业经济问题（08）, 69–74.

曹兰芳, 曾玉林. （2020）. 林地确权、政府管制与资源异质性农户林业管护行为——基于湖南省 7 年连续观测数据. 生态学报, 40（18）, 6694–6703.

曹兰芳, 尹少华, 曾玉林, 伍飞. （2017）. 资源异质性农户林业生产投入决策行为及差异研究——以湖南省为例. 中南林业科技大学学报, 37（12）, 174–179.

　　　　　　　　　　　　　　以林为生: 中国乡村林业的现实与发展研究

陈慧萍, 武拉平, 王玉斌. (2010). 补贴政策对我国粮食生产的影响——基于2004—2007年分省数据的实证分析. 农业技术经济 (04), 100–106.

陈钦, 黄巧龙, 游玲娜, 谢丽星, 程秋旺, & 潘辉. (2018). 基于DID模型的福建省生态公益林保护对林农的经济影响评估. 中国林业经济 (06), 1–4.

陈薇. (2006). 粮食直接补贴政策的效果评价与改革探讨——对河北省粮食直补试点县的个案分析. 农业经济 (08), 12–14.

陈秀庭. (2019). 广西生态公益林可持续发展的思考. 绿色科技 (13), 212–213.

程宝栋, 徐畅, 秦光远, & 熊立春. (2021). 集体林区生态公益林建设对劳动力转移的影响——以浙江省为例. 农业技术经济 (02), 40–49.

程国强. (2011). 中国农业补贴制度设计与政策选择. 北京: 中国发展出版社.

程玥, 朱冬亮, 蔡惠花. (2016). 集体林权制度改革中的金融支持制度实施及绩效评估. 北京: 中国社会科学出版社.

崔莉, 厉新建, 程哲. (2019). 自然资源资本化实现机制研究——以南平市"生态银行"为例. 管理世界, 35 (09), 95–100.

邓正华. (2013). 环境友好型农业技术扩散中农户行为研究. (博士). 华中农业大学, Available from Cnki.

丁屹红, 姚顺波. (2017). 退耕还林工程对农户福祉影响比较分析——基于6个省951户农户调查为例. 干旱区资源与环境, 31 (05), 45–50.

段伟, 申津羽, 温亚利. (2018). 西部地区退耕还林工程对农户收入的影响——基于异质性的处理效应估计. 农业技术经济 (02), 41–53.

董加云, 王文烂, 林琰, 张娇容, 刘伟平. (2017). 福建顺昌县林权收储担保机制创新与成效研究. 林业经济 (12), 56–59.

番绍立. (2016). 中国农业补贴政策效应: 理论解析、实证检验与政策优化. (博士). 东北财经大学, Available from Cnki.

樊宝敏. (2009). 中国林业思想与政策史: 1644～2008年. 北京: 科学出版社.

方言. (2019). 中国特色农业支持保护之路—— 70年中国农业支持保护制度变迁 (下). 中国粮食经济 (12), 11–16.

冯菁. (2007) 丰裕中的贫困——中国森林资源丰富地区贫困问题研究. 北京林业大学.

傅一敏, 刘金龙. (2019). 美国森林政策如何规范管理行为: 经验与启示. 林业经济 (07), 124 - 128.

傅一敏, 刘金龙, 赵佳程. (2018). 林业政策研究的发展及理论框架综述. 资源科学 (06), 1106 - 1118.

高国力, 王继源. (2019). 新中国 70 年来我国农业用地制度改革: 回顾与展望. 经济问题, 11.

顾和军, 纪月清. (2008). 农业税减免政策对农民要素投入行为的影响——基于江苏省句容市的实证研究. 农业技术经济 (03), 37 - 42.

国家林业和草原局. (2018). 中国林业统计年鉴. 2017. 北京: 中国林业出版社.

国家林业和草原局. (2019). 中国森林资源报告: 2014—2018. 北京: 中国林业出版社.

国家林业和草原局"集体林权制度改革监测"项目组. (2018). 2017 集体林权制度改革监测报告. 北京: 中国林业出版社.

国家林业和草原局"集体林权制度改革监测"项目组. (2019). 2018 集体林权制度改革监测报告. 北京: 中国林业出版社.

国家林业局"集体林权制度改革监测"项目组. (2017). 2016 集体林权制度改革监测报告. 北京: 中国林业出版社.

国家林业局森林资源管理司. (2005). 全国森林资源统计: 1999—2003: 出版者不详.

韩锋, 赵铁蕊, 赵荣. (2018). 浙江省林权抵押贷款模式创新研究. 林业经济, 40 (09), 27 - 30.

韩秀华. (2015). 退耕还林工程对农户收入影响实证分析——以陕西安康为例. 林业经济, 37 (06), 40 - 43.

何文剑, 徐静文, 张红霄. (2016). 森林采伐管理制度的管制强度如何影响林农采伐收入. 农业技术经济 (09), 104 - 118.

黄炜虹. (2019). 农业技术扩散渠道对农户生态农业模式采纳的影响研究. (博士).

华中农业大学, Available from Cnki.

黄祖辉, 王朋. (2009). 我国农地产权制度的变迁历史——基于农地供求关系视角的分析. 甘肃社会科学 (03), 1–5.

姜霞, 李兰英, 沈月琴, 黄文义. (2010). 生态公益林建设对林农收入影响的实证分析——以浙江省长兴县和衢江区为例. 北京林业大学学报 (社会科学版), 9 (02), 115–119.

姜长云. (2002). 农村土地与农民的社会保障. 经济社会体制比较 (01), 49–55.

孔凡斌, 廖文梅. (2011). 基于收入结构差异化的农户林地流转行为分析——以江西省为例. 中国农村经济 (08), 89–97.

蓝菁, 盛君, 余奕宁, 刘震. (2017). 退耕还林背景下农户收入的社会网络效应分析——以四川南江县白滩村为例. 中国土地科学, 31 (03), 36–43.

黎洁, 李树苗. (2010). 退耕还林工程对西部农户收入的影响: 对西安周至县南部山区乡镇农户的实证分析. 中国土地科学, 24 (2), 57, 63.

李江一. (2016). 农业补贴政策效应评估: 激励效应与财富效应. 中国农村经济 (12), 17–32.

李洁, 陈钦, 王团真, 任晓琨, 燕菲儿. (2017). 生态公益林保护造成林农实际经济损失的影响因素研究——基于福建省 5 县调查数据. 中南林业科技大学学报 (社会科学版), 11 (02), 37–41.

李思经, 牛坤玉, 钟钰. (2018). 日本乡村振兴政策体系演变与借鉴. 世界农业 (11), 83–87.

李汀, 恭映璧. (2019). 日本《山村振兴法》与山村林业振兴——战后日本林业的发展及其启示 (四). 林业与生态 (01), 13–15.

李维长. (2001). 世界社区林业发展现状与趋势. In 施昆山 (Ed.), 当代世界林业 (pp. 183–200). 北京: 中国林业出版社.

李卫忠, 吴付英, 吴宗凯, 雷明军, 刘广亮. (2007). 退耕还林对农户经济影响的分析——以陕西省吴起县为例. 中国农村经济 (S1), 108–111, 116.

李珍. (2013). 森林资源资产抵押贷款价值评估研究. (博士). 河北农业大学,

Available from Cnki.

林琰，陈治淇，陈钦，潘辉．（2017）．福建省重点生态区位商品林赎买研究．中国林
业经济（02），11‐17.

刘璨．（2020）．集体林权流转制度改革：历程回顾、核心议题与路径选择．改革
（04），133‐147.

刘璨，马天乐，许勤．（1999）．社区林业发展论．北京：中国林业出版社．

刘璨，张巍．（2007）．退耕还林政策选择对农户收入的影响——以我国京津风沙源
治理工程为例．经济学（季刊）（01），273‐290.

刘东生，谢晨，刘建杰，袁梅，彭伟，黄东．（2011）．退耕还林的研究进展、理论框
架与经济影响——基于全国100个退耕还林县10年的连续监测结果．北京林业大
学学报（社会科学版），10（03），74‐81.

刘金龙，傅一敏，赵佳程．（2018）．地方林业政策的形成与执行过程解析——以福建
Y市重点区位商品林赎买为例．贵州社会科学（04），140‐146.

刘俊昌．（2011）．林业经济学．北京：中国农业出版社．

刘振伟．（2018）．日本涉农法律制度及政策调整．中国农村经济（08），130‐143.

刘祖军．（2019）．福建省林权收储抵押担保制度的实施成效分析．林业调查规划，44
（04），157‐161.

卢贵敏，姜大峪，丁文俊，郑启辉．（2011）．日本、韩国林业发展与财政政策．农村
财政与财务（05），47‐48.

卢悦，& 田相辉．（2019）．退耕还林对农户收入的影响分析——基于PSM‐DID方
法．林业经济，41（04），87‐93.

鲁礼新，周杉，刘文升．（2005）．农业补贴政策对农户行为和农村发展的影响分析．
特区经济（08），160‐161.

罗楚亮，李实，岳希明．（2021）．中国居民收入差距变动分析（2013—2018）．北京：
中国社会科学（01），33‐54，204‐205.

齐杰．（2015）．法律视阈下丽水农村金融改革路径选择——以林权抵押贷款为例．延
边党校学报，31（02），62‐65.

以林为生：中国乡村林业的现实与发展研究

齐正顺, 朱臻, 陈雨婕. (2020). 营林补贴可以促进林农对营林新技术的采纳吗？——基于浙江省经济林的实证研究. 林业经济, 42 (02), 15-24, 58.

钱加荣, 赵芝俊. (2015). 现行模式下我国农业补贴政策的作用机制及其对粮食生产的影响. 农业技术经济 (10), 41-47.

日本林野厅. (2018). 平成 29 年度森林·林业白皮书. https://www.rinya.maff.go.jp/j/kikaku/hakusyo/index.html.

日本林野厅. (2020). 令和元年度森林·林业白皮书. https://www.rinya.maff.go.jp/j/kikaku/hakusyo/index.html.

盛文萍, 甄霖, 肖玉. (2019). 差异化的生态公益林生态补偿标准——以北京市为例. 生态学报, 39 (01), 45-52.

宋长鸣, 向玉林. (2012). 林业技术效率及其影响因素研究——基于随机前沿生产函数. 林业经济 (02), 66-70.

孙晓一, 徐勇, 段健. (2018). 我国涉农政策对农民收入的影响及区域差异. 广东农业科学, 45 (02), 157-165.

孙瑜, 于茜, 鹿永华. (2019). 新技术采纳与技术效率差异研究——基于苹果主产区小农户与大农户的比较. 林业经济, 41 (10), 89-96.

唐鸣, 汤勇. (2012). 生态公益林建设对山区农村生计的影响分析——基于浙江省 128 个村的调查. 中南民族大学学报（人文社会科学版）, 32 (04), 124-129.

王明天, 张海鹏. (2017). 改革开放以来我国农村林业政策变化过程及取向分析. 世界林业研究, 30 (1), 56-60.

王欧, 杨进. (2014). 农业补贴对中国农户粮食生产的影响. 中国农村经济 (05), 20-28.

王庶, 岳希明. (2017). 退耕还林、非农就业与农民增收——基于 21 省面板数据的双重差分分析. 经济研究, 52 (04), 106-119.

王小军, 谢屹, 王立群, 温亚利. (2013). 集体林权制度改革中的农户森林经营行为与影响因素——以福建省邵武市和尤溪县为例. 林业科学, 49 (06), 135-142.

文长存, 吴敬学. (2016). 农户"两型农业"技术采用行为的影响因素分析——基于辽宁省玉米水稻种植户的调查数据.中国农业大学学报, 21 (09), 179 - 187.

吴乐, 孔德帅, 靳乐山. (2018).生态补偿对不同收入农户扶贫效果研究.农业技术经济 (05), 134 - 144.

吴守蓉, 邬惠中, 白石则彦. (2015).基于服务型政府建设的基层林业站职能优化途径研究.农村经济 (07), 100 - 105.

夏叶丹, 曾维忠. (2013).农户林地资金投入水平影响因素分析——基于四川省宜宾市的实证研究.中国农业资源与区划, 34 (06), 224 - 228.

谢旭轩, 马训舟, 张世秋. (2011).应用匹配倍差法评估退耕还林政策对农户收入的影响.北京大学学报 (自然科学版), 47 (04), 759 - 767.

徐国祯主编. (1998).乡村林业.北京: 中国林业出版社.

徐婷婷, 李桦. (2016).集体林权配套改革非农就业地理距离与农户林业投入行为——基于 9 省 18 县面板数据的验证.林业经济问题, 36 (05), 399 - 405.

徐秀英, 石道金, 朱臻, 符椒燕. (2020).农户非农就业对林地转出决策行为的影响分析——基于浙江山区 369 户农户的调研.农林经济管理学报, 19 (03), 342 - 351.

许庆, 陆钰凤, 张恒春. (2020).农业支持保护补贴促进规模农户种粮了吗? ——基于全国农村固定观察点调查数据的分析.中国农村经济 (04), 15 - 33.

杨丽颖, 谢煜. (2017).中国林业产权场内交易现状分析——基于南方林业产权交易所 4565 条交易数据.林业经济问题, 37 (05), 79 - 84, 110.

杨芷晴, 孔东民. (2020).我国农业补贴政策变迁、效应评估与制度优化.改革 (10), 114 - 127.

姚洋. (2010).小农体系和中国长期经济发展.读书 (02), 20 - 30.

易福金, 徐晋涛, 徐志刚. (2006).退耕还林经济影响再分析.中国农村经济 (10), 28 - 36.

于海燕. (2007).世界社会林业发展概论.北京: 中国科学技术出版社.

詹黎锋, 杨建州, 张兰花, 朱少洪. (2010).农户造林投资行为影响因素实证研究——以福建省为例.福建农林大学学报 (哲学社会科学版), 13 (02), 57 - 60.

张东升. (2012). 中国居民收入分配年度报告 (2011). In: 北京: 经济科学出版社.

张寒, 程娟娟, 刘璨. (2018). 基于内生性视角的非农就业对林地流转的效应评价——来自 9 省 1497 户林农的连续监测数据. 农业技术经济 (01), 122 - 131.

张晖, 姚瑶, 郑宇, 张敏新. (2016). 公益林建设工程对林农收入的影响分析——基于江西、贵州、浙江 3 省 18 村调查. 安徽农业科学, 44 (31), 207 - 210.

张晶, 王克. (2016). 农产品目标价格改革试点: 例证大豆产业. 改革, 07, 38 - 45.

张瑞娟, 高鸣. (2018). 新技术采纳行为与技术效率差异——基于小农户与种粮大户的比较. 中国农村经济 (05), 84 - 97.

张炜, 薛建宏, 张兴. (2019). 退耕还林政策对农户收入的影响及其作用机制. 农村经济 (06), 130 - 136.

张宇青, 周应恒. (2015). 中国粮食补贴政策效率评价与影响因素分析——基于 2004—2012 年主产区的省际面板数据. 财贸研究, 26 (06), 30 - 38.

张壮, 赵红艳. (2018). 改革开放以来中国林业政策的演变特征与变迁启示. 林业经济问题 (04), 1 - 6.

张天佐, 郭永田, 杨洁梅. (2018). 我国农业支持保护政策改革 40 年回顾与展望 (上). 农村工作通讯.

赵思嘉. (2019). 非农就业背景下林地规模对农户林业技术采纳的影响机制分析. (硕士). 浙江农林大学, Available from Cnki.

赵衍宇. (2018). 公益林保护区生态补偿标准与补偿方式的思考. 农业与技术, 38 (03), 84 - 85.

张江海, 胡熠. (2019). 福建省重点生态区位商品林赎买长效机制构建研究. 福建论坛 (人文社会科学版) (03), 194 - 200.

中国林科院科信所集体和个人天然林保护财政政策研究课题组. (2018). 集体和个人的天然林禁伐后权益怎么保障?

钟甫宁, 顾和军, 纪月清. (2008). 农民角色分化与农业补贴政策的收入分配效应——江苏省农业税减免、粮食直补收入分配效应的实证研究. 管理世界 (05), 65 - 70, 76.

钟鑫. (2016). 不同规模农户粮食生产行为及效率的实证研究. (博士). 中国农业科学院, Available from Cnki.

周应恒, 彭云, 周德. (2017). 中国农业发展困境与农业支持政策改革转型——基于欧盟共同农业支持政策改革的启示. 江苏农业科学, 45 (11), 289-293.

朱满德, 李辛一, 程国强. (2015). 综合性收入补贴对中国玉米全要素生产率的影响分析——基于省级面板数据的 DEA-Tobit 两阶段法. 中国农村经济 (11), 4-14, 53.

朱文清, 张永亮, 刘浩, 魏建. (2018). 新一轮集体林产权制度改革新动态及其完善深化改革的政策建议. 林业经济, 40 (11), 32-43.

朱长宁, 王树进. (2015). 退耕还林背景下西部地区农户收入的影响因素分析——基于分位数回归模型. 湖北民族学院学报 (哲学社会科学版), 33 (04), 45-49, 74.

左孝凡, 王翊嘉, 苏时鹏. (2018). 林地流转减贫效应研究. 林业经济问题, 38 (06), 34-41, 103.

图书在版编目(CIP)数据

以林为生：中国乡村林业的现实与发展研究/顾燕
峰著.—上海：上海书店出版社,2021.10
ISBN 978-7-5458-2094-2

Ⅰ.①以… Ⅱ.①顾… Ⅲ.①农村－林业经济－经济
发展－研究－中国 Ⅳ.①F326.23

中国版本图书馆 CIP 数据核字(2021)第 184861 号

责任编辑 俞诗逸 张 冉
封面设计 汪 昊

以林为生：中国乡村林业的现实与发展研究
顾燕峰 著

出 版	上海书店出版社	
	(201101 上海市闵行区号景路 159 弄 C 座)	
发 行	上海人民出版社发行中心	
印 刷	上海叶大印务发展有限公司	
开 本	890×1240 1/32	
印 张	7.75	
字 数	150,000	
版 次	2021 年 10 月第 1 版	
印 次	2021 年 10 月第 1 次印刷	
	ISBN 978-7-5458-2094-2/F.56	
定 价	49.00 元	